Reinhard Kriechbaum

Borstenvieh
und
Donauwalzer

Geschichten und Bräuche rund um den Jahreswechsel

Reinhard Kriechbaum

BORSTENVIEH UND DONAUWALZER

Impressum

Bibliografische Information der Deutschen Nationalbibliothek
Die Deutsche Nationalbibliothek verzeichnet diese Publikation in der Deutschen Nationalbibliografie; detaillierte bibliografische Daten sind im Internet über http://dnb.d-nb.de abrufbar.

5020 Salzburg, Bergstraße 12

Lektorat: Renate Emminger
Layout, Grafik und Produktion: Nadine Kaschnig-Löbel
gedruckt in der EU

ISBN 978-3-7025-0875-3

www.pustet.at

Bildnachweis: Altjahrsesu Schwarzenburg: 91; Bucher Thomas: 96; Dommuseum Salzburg/J. Kral: 46; Erzdiözese Salzburg: 214; Föhr Tourismus GmbH: 86; Hasenöhrl Gertraud (Schnalzergruppe Loig): 183; Hist. Grenadiercorps 1810 e.V. Villingen-Schwenningen: 71; Junggesellenclub Bollensen: 112; Klabacher Heidemarie: 193; Kriechbaum Reinhard: 31, 36, 41, 42, 63, 186; Linke Terry/Wiener Philharmoniker: 155; Maierhofer Heli (Stainacher Glöckler): 211; Marktmusik Gleinstätten: 161; Salzburger Land Tourismus GmbH: 81, 204; Schlumberger: 128; Schwind Gerd: 169; Shutterstock.com: 4, 10, 15, 22, 25, 30, 51, 56, 61, 66, 120, 125, 133, 137, 145, 147, 150, 174, 221, 232; Tourismusverband Golling: 207; Tourismus Salzburg/G. Breitegger: 76; TVB Ausseerland: 199; Wurstekommission Salchendorf: 107

Reinhard Kriechbaum

Borstenvieh und Donauwalzer

Geschichten und Bräuche rund um den Jahreswechsel

VERLAG ANTON PUSTET

INHALT

VORWORT

The same procedure as every year? Ja, jedes Jahr das Gleiche, gerade zum Jahreswechsel. Aber die meisten Leute wollen Silvester natürlich nicht als „Dinner for One" begehen. Aus dem Film stammt das Zitat.

Die Wiederholung ist das Wesen aller Bräuche. So wünschen wir immer wieder aufs Neue „einen guten Rutsch". Damit soll niemand aufs Glatteis geschickt werden! Auf solches begeben wir uns nämlich sprachgeschichtlich mit diesem Glückwunsch. Die Formulierung kommt aus dem Jiddischen: „Rosch ha-Schana" heißt das jüdische Neujahrsfest. „Rosch" (das Haupt, in übertragenem Sinn der Anfang) wurde verballhornt zum „Rutsch". Ein guter Jahresanfang also.
Für den nicht minder verbreiteten Wunsch „Prosit Neujahr" nehmen wir bei den alten Römern eine Anleihe. „Pro sit", es möge gut sein, es soll gedeihen, sagen wir in der

Sprache des Gaius Iulius Caesar. Dabei sind wir uns gar nicht so bewusst, dass er es war, der den Jahresanfang am 1. Jänner als erster „amtlich“ verordnet hat. Er hat damals den Kalender mit der Einführung von regelmäßigen Schaltjahren in Ordnung gebracht. So einigermaßen jedenfalls.
Gibt es zu Silvester und Neujahr denn mehr Bräuche als Bleigießen und Raketenschießen? Wir müssen zugeben, dass wir selbst überrascht waren von der Vielzahl unterschiedlicher Rituale und Gepflogenheiten, Umzüge und Maskeraden, auf die wir bei der Arbeit an diesem Buch gestoßen sind. Und es gäbe noch viel, viel mehr! Altes, wie es seit Generationen eingebürgert ist, und Neues, das der gegenwärtigen urbanen Betriebsamkeit entspricht: ein bunter Mix, ein Bild unserer Zeit.

Reinhard Kriechbaum

GLÜCK OHNE ENDE

Das Glück is a Vogerl,
gar liab, aber scheu,
es lasst si schwer fangen,
aber fortg'flogn is glei.

Karl Kratzl (1852–1904) ist der Komponist dieses populären Wienerlieds. Das Glück ist also ein Vogerl – und wenn wir auf unsere Silvesterbräuche schauen, dann sind seine Freunde Kleeblatt und Fliegenpilz, Glückspfennig und Hufeisen, Marienkäfer und Schwein. Und nicht zu vergessen auf den Rauchfangkehrer. Wollen wir auf Holz klopfen, dass mit all ihrer Hilfe auch im neuen Jahr alles gut geht!

Zu Silvester und Neujahr hilft man da schon gerne nach: Die Wirtschaftskammer Österreich kann mit Zahlen aufwarten: Zwischen 10 und 25 Euro gebe der Österreicher für die kleinen Glücksbringer aus. Das Verschenken von Glücksbringern sei speziell in Österreich der Brauch und in anderen Ländern gar nicht so verbreitet, heißt es bei der Wirtschaftskammer.

In den letzten zehn, fünfzehn Jahren hat sich jedenfalls ein eigener Geschäftszweig entwickelt. Das Marktfahrergewerbe – nicht weniger als 4700 Unternehmerinnen und Unternehmer! – steht im ganzen Land „Gewehr bei Fuß“. Ob zuerst das Angebot oder die

Nachfrage da war, kann man schwer ausmachen. Nicht nur in Großstädten trifft man an den Tagen vor Silvester auf Dutzende Verkaufsstände.

Essbar können die Glücksbringer sein – mit Vorliebe sind sie aus Marzipan und Schokolade – aber auch Kunsthandwerk aus Keramik, Holz oder Glas wird angeboten. An Dutzendware und Plastik-Kitsch, auch an Plüschtieren fehlt es nicht an den Ständen. Allein in Österreich werden über zehn Millionen solcher Klein-Glücksbringer verkauft. Dass dafür mehr Geld ausgegeben wird als für Knallkörper und Raketen, verblüfft.

Glücks-Fänger oder versteckte Teufelshörner?

Wie man ein Hufeisen richtig aufhängt und warum es wirklich echt sein sollte

Haben Sie schon einmal im Morgengrauen zu Neujahr einen Hirsch röhren hören? Das galt unseren ländlichen Vorfahren als Glückszeichen fürs kommende Jahr. Die Chancen für Stadtbewohner stehen gar nicht gut – sie müssen sich wohl nach anderen, leichter erreichbaren Glücksbringern umsehen.

Ein Hufeisen vielleicht? Auch das hat meist einen Pferdefuß, es sei denn, das eiserne Ding ist von einem solchen heruntergefallen: Ein Glück spendendes Hufeisen darf keinesfalls gekauft werden, es will gefunden sein. Auch nicht sehr aussichtsreich auf Asphaltstraßen.

Wieso wurde das Hufeisen überhaupt zur Allzweckwaffe gegen Dinge, die uns Verdruss bereiten? Darüber streiten, wie so oft in der volkskundlichen Forschung, die Gelehrten. Die einen führen die geöffnete Kreisform ins Treffen: Der geschlossene Kreis stand im Volksglauben zumeist für Schutz. Dies ist der magische Gedanken-Ursprung von Halsreifen und anderem ringförmigen Körperschmuck. Von außen Kommendes sollte abgewehrt werden. Im Falle einer runden Form, die auf einer Seite offen ist, handelt es sich hingegen um eine Art „Pforte“, durch die das Glück Einlass findet. Deshalb muss man mit dem Hufeisen auch korrekt umgehen: Es gehört mit der Öffnung nach oben an die Wand gehängt oder an den Türsturz genagelt, denn andersrum würde das Glück „auslaufen“. So denken jedenfalls viele Leute.

Aber das ist nur eine von einander widersprechenden Anweisungen in Sachen Hufeisen-Positionierung. In einer anderen Lesart heißt nämlich: Bloß nicht die beiden Metallenden nach oben schauen lassen! Man könnte die Assoziation zu Teufelshörnern wecken und hätte damit den Teufel fast im Wortsinn „an die Wand gemalt" – in dem Fall eben gehängt. Und wird auch manchmal der Teufel mit dem Beelzebub ausgetrieben, so wollen wir das Glück auf keinen Fall verscheuchen.

Noch eine Variante gibt es zum Ausrichten des Hufeisens: Ein nach rechts offenes Hufeisen könnte man als Buchstaben C lesen und Christus meinen. Also so, wie die Heiligen Drei Könige C+M+B an die Tür schreiben, womit nicht die Namen Caspar, Melchior und Balthasar gemeint sind, sondern der Segenswunsch: „Christus mansionem benedicat", Gott schütze das Haus. Aber das Hufeisen als verkapptes Christus-Symbol: Da haben gewiss die wohlmeinenden Katecheten das Glücksrad ein gutes Stück in ihre Denkrichtung gedreht!

Eine ganz banale Erklärung für die Glück spendende Kraft des Hufeisens: Weil handgeschmiedet, waren Hufeisen teuer. Wer eines fand und fürs eigene Pferd verwenden konnte, war gut dran.
Durchaus einleuchtend ist die Erklärung, dass ein Pferd eben ein edles und kostbares (Arbeits-)Tier ist, ein Symbol für Stärke und Kraft. Ein Ding, das ein Pferd schützt, kann doch nur ein Glücksbringer sein.

Wer sich das Beschlagen der Pferdehufe ausgedacht hat, darüber gibt es auch nur Mutmaßungen. Die Ägypter haben ihren Tieren „Hipposandalen" aus Bast oder Leder mit Stricken oder Riemen ans Bein gebunden. Die Römer haben dann Bronze oder Eisen verwendet, aber auch diese Tritthilfen mit Riemen festgebunden. Möglicherweise sind die Kelten im 2. oder 1. Jahrhundert vor Christus auf die Idee gekommen, das Metall an die Hufe zu nageln – aber warum haben das die Römer dann nicht flugs übernommen? Auch bei den Galliern findet sich nichts Hufeisenartiges als Grabbeigabe. In der Völkerwanderungszeit waren wohl die Hunnen mit beschlagenen Pferden unterwegs. So konnte man einigermaßen sicher über lange Strecken galoppieren. In Mitteleuropa scheint sich das Beschlagen eher zögerlich durchgesetzt zu haben. Karl der Große kannte Hufeisen ziemlich sicher noch nicht.

Wo gehört ein Glück bringendes Hufheisen hin? Über der Eingangstür ist es wohl am Platz – verbunden mit der Hoffnung, es möge doch dem Teufel auf den Kopf fallen, wenn er versucht, in Menschengestalt Einlass ins Haus zu finden. Also nicht festnageln, bloß lose an einen Nagel hängen!
Man kann das Hufeisen als Glücksbringer auch vom Material her greifen. Dem Eisen wurde Zauber bannende Kraft zugeschrieben, das ist uralter Aberglaube. Schon im Alten Testament (Buch Numeri) ist eine hübsche Geschichte nachzulesen: Da schickte Gott aufmüpfigen Israeliten Giftschlangen als Strafe. Nachdem die Menschen ihre Fehler eingesehen hatten und Reue übten, gab Gott Moses den Befehl, eine metallene Schlange

anzufertigen und an einer Fahnenstange zu befestigen. Wer künftig auf diese Schlange blicke und von einem echten Tier gebissen werde, müsse nicht sterben.

In vielen Kulturen schrieb man dem Metall wegen seiner spiegelnden Oberfläche die Fähigkeit zu, Geister zu vertreiben. Der Dichter Vergil erzählt, dass man aus Neapel Heuschrecken mit Hilfe einer eisernen Nachbildung vertrieben habe, Plinius versuchte Ähnliches mit Fliegen. Auch die Germanen glaubten an den Abwehrzauber, der von Eisen ausgeht. Und ihnen galt obendrein das Pferd als besonderes Lebewesen, war es doch das heilige Tier Wodans.

Wie auch immer: Echt muss das Hufeisen sein, sonst ist es mit dem Glück nicht so weit her. Nur ein Eisen, das wirklich auf einen Pferdehuf geschlagen war, überträgt die Kraft des Tieres auf den glücklichen Finder.

Sieben Punkte müssen es sein

Das Vögelchen der Freya und ein willkommenes Geschenk der Gottesmutter Maria

Gleich vorweg: Wir reden hier vom „klassischen" Marienkäfer, von jenem, den die Zoologen Coccinella septempunctata getauft haben. Vom Siebenpunkt-Marienkäfer also. Nicht von seinen Hochstapler-Kollegen mit bis zu 24 Punkten, und auch nicht von jenem armseligen Käferlein mit läppischen zwei Punkten, der es einst trotzdem auf eine DDR-Briefmarke gebracht hat. Aber das war vielleicht der grafischen Übersichtlichkeit geschuldet. Schon gar nicht reden wir von den unterschiedlich gefärbten und gepunkteten fernöstlichen Exemplaren, die sich in den vergangenen zehn Jahren auch in Mitteleuropa breit gemacht haben und Käfer-Sachverständigen Stirnrunzeln bereiten ob des ökologischen Gleichgewichts.

Unser Herz schlägt für den Siebenpunkt-Marienkäfer. Bevor wir auf die Gottesmutter Maria als Namenspatronin zu sprechen kommen, sollten wir nicht auf jenen Namen vergessen, den ihm die alten Germanen gegeben haben: Vom „freya-fugle" sprachen sie, also dem Vögelein der Göttin Freya. Der Marienkäfer passt gut zur Göttin der Fruchtbarkeit und des Frühlings, des Glücks und der Liebe. In England heißt der Marienkäfer auch „Ladybird". Damit ist die Gottesmutter gemeint.

Mit dem Himmel muss so einer ja zu tun haben, der in kardinalspurpurner Färbung und mit sieben Punkten herumfliegt! Die Siebenzahl steht für die vier Kardinalstugenden Gerechtigkeit (iusticia), Mäßigung (temperantia), Tapferkeit (fortitudo) und Weisheit (sapientia) plus den drei theologischen Tugenden Glaube (fides), Hoffnung (spes) und Liebe (caritas). Seit Gregor dem Großen, also seit dem 6. Jahrhundert, gehören all diese guten Eigenschaften zusammen. Die ersten vier Tugenden hat schon Plato aufgezählt.

Als Geschenk Marias haben die Bauern den Marienkäfer wahrscheinlich deshalb empfunden, weil sie seine Nützlichkeit erkannten: Blattläuse zählen zu seinen Lieblingsspeisen (bis zu 40 000 Blattläusen soll er im Lauf seines einen Lebensjahres den Garaus machen), und auch den Mehltau, einen Pilzschädling, hält der Marienkäfer für eine Delikatesse. Er trägt also wesentlich bei zum ökologischen Gleichgewicht auf den Pflanzenstängeln und Blättern. Zwei Dutzend verschiedene Namen gibt es allein im deutschen Sprachraum für ihn. Frauenkäfer, Muttergotteskäfer heißt er beispielsweise. In protestantischen Gegenden, wo man keine spezielle Marienverehrung kennt, ist man auf allgemeinere Namen wie Herrgottskäfer, Gotteskäfer, Jesuskäferlein, Herrgottswürmchen, Herrgottssöönken oder Himmelskäferlein ausgewichen. Die Verbindung der Farbe Rot mit Herz und Liebe war der Volkstümlichkeit gewiss nicht abträglich.

Auf eine so lange Geschichte wie er kann kein anderer Glücksbringer zurückblicken: In Laugerie-Basse, einer jungpaläolithischen Fundstätte in der Dordogne (Frankreich), hat man nicht nur die „Schamlose Venus" gefunden (sie gab einem Typus steinzeitlicher Venusfiguren den Namen), sondern auch einen gerade fingernagelgroßen, aus Mammutelfenbein geschnitzten Marienkäfer. Eine Bohrung lässt drauf schließen, dass das Ding an einem Band um den Hals getragen wurde: ein 20 000 Jahre alter Talisman!

Evas kleine Erinnerung ans Paradies

Oxalis tetraphylla ist zwar grün und vierblättrig, aber leider kein echter Glücksklee

Charakteristische Merkmale der Gattung Klee sind dreifiedrige Blätter, lesen wir in Wikipedia und werden so gleich mal ein ganz klein wenig desillusioniert. Vierblättrig muss der Glücksklee schließlich sein. Die Quote von eins zu 10 000, von der man in Wikipedia auch wissen will, ermuntert uns keineswegs zur Suche – aber der vierblättrige Klee will sowieso gefunden, nicht aktiv gesucht und schon gar nicht im Blumenladen gekauft sein! Immerhin: Wenn man es verschenkt, gilt das gekaufte Pflänzlein als Glücksbringer. Aber irgendwie rauben uns die Botaniker gleich wieder die Freude: Den Glücksklee (Oxalis tetraphylla), der sich im Handel findet, rechnen sie zur Gattung des Sauerklees (Oxalis) – und das ist für sie gar kein echter Klee.

Frommer Legende nach nahm Eva aus dem Paradies ein vierblättriges Kleeblatt mit in die ihr unwirtlich erscheinende echte Welt. Bevor wir das Pflänzlein nun quasi „über den grünen Klee" loben, braucht es schon eine kleine Einschränkung. Wie öfters bei den Glücksbringern ist die Sache mit den vier Blättern nämlich gar nicht so eindeutig. Das Kleeblatt muss nicht paradiesische Erinnerung sein, es hat in der christlichen Symbolik auch das Kreuz repräsentiert. Aber auch als Bild für die vier Evangelien hat man es schon hergenommen. Das lässt uns wieder hoffen.

Aber sonst hat man weder im Christentum noch in heidnischen Kulturen auf die Vierzahl gar nicht so großen Wert gelegt. Es durften gerne drei Blätter sein und war dann für die Dreifaltigkeit ein symbolhaftes Accessoire. Der heilige Patrick in Irland soll den Menschen dort die Dreifaltigkeit eben anhand eines solchen Klees erklärt haben. Der Shamrock (irisch „seamróg“, das heißt kleiner Klee) ist so nicht nur zum Tribut des Heiligen, sondern auch eine Art Landessymbol geworden. Nicht zufällig tragen viele Irish Pubs diesen Namen. In den zarten Stängel und die drei Blätter kann man übrigens auch wieder die Kreuzesform hinein deuten. Einen Kreuzstab in genau dieser Form soll Patrick einer Schlange in den Rachen gestoßen haben.

Mit dem Klee halten es jedenfalls nicht nur die christlichen Iren, die diese innige Beziehung wohl den keltischen Druiden abgeschaut haben. Diese haben zur Abschreckung böser Geister aber sehr wohl auf den vierblättrigen Klee Wert gelegt. Im spätantiken Perserreich stand der dreiblättrige Klee für die Götterdreiheit von Mithra (Mihr) neben Ahuramazda (Ohrmazd) und Anahita (Anahid).

Der Engländer John Melton hat in seinem Buch „Astrologaster“ (1620) mit Astrologie und Aberglauben abgerechnet. Er schreibt höchst ironisch: „Wenn ein Mann über die Felder gehend ein vierblättriges Blatt findet, wird er nach einer Weile auch irgendein gutes Ding finden.“

Man kann nur mutmaßen, wie der Klee zum Glücksbringer-Image kam. Vielleicht liegt es nicht zuletzt daran, dass Klee sehr dicht wächst. Hobbygärtner wissen ein Lied davon zu singen, wenn der Klee ins Kraut schießt. So galt der Klee als Pflanze, in der sich Vitalität spiegelt.

In einem Buch von 1571, „Der alten Weyber Philosophy", heißt es: „Welcher ein Kleeblatt mit vier Blettern findet, der sol das in wirden halten, sol sein Lebenlang glückselig und reich sein." Schöne Aussichten – aber um Himmels Willen Hände weg von fünfblättrigen Kleeblatt (das ohnedies noch viel seltener vorkommt als das vierblättrige): Das bringt Unglück.

Welche Wirkung tut das Kleeblatt dem Volksglauben nach? Es schütze vor Zauber und Hexen, obendrein mache es „hellsichtig", und man erkenne das „wahre Wesen" einer Person oder Sache. Da bleiben Hexen nicht lange unentdeckt. Doch die Wirkung des Klees lässt sich noch steigern. Ein Trick macht aus dem Klee das Wundermittel schlechthin: Versteckt man ein Blatt ohne Wissen des Priesters unter dem Altartuch und wird darüber drei Mal die Messe gelesen, so verhindert es Hieb- und Stichwunden und hilft sogar gegen Blitzschlag. Die Bekanntschaft mit einer Mesnerin ist also sehr von Nutzen, will man zur glücksbringenden Tat schreiten.

Borstenvieh und Schweinespeck

Husten im Silvestergottesdienst galt einst als Unheil bringend. Nicht gehustet? Schwein gehabt!

„Ein kluger Mann verehrt das Schwein; / er denkt an dessen Zweck. / Von außen ist es ja nicht fein, / doch drinnen sitzt der Speck." So reimte Wilhelm Busch. Griechen, Römer und Germanen wussten das Schwein seit jeher zu schätzen, im Gegensatz zum Islam und zum Judentum, wo es bis heute als unrein gilt. „Harām", sagt man auf Arabisch, im Gegensatz zu den reinen Speisen, die „halāl" sind.

Im Volksglauben hat sich die Einstellung zum Borstenvieh gewandelt, denn es war zuerst keineswegs das Glücks-Vieh schlechthin. Der Teufel, so glaubte man, nehme gerne die Gestalt eines Schweins an. Diese Ansicht rührt von einer neutestamentlichen Bibelstelle her: Als Jesus Dämonen austrieb, fuhren sie in eine Schweineherde, was den armen Tieren nicht gut bekam. Sie stürzten sich ins Wasser. Davon berichten sowohl Matthäus, Markus als auch Lukas fast gleichlautend. Goethe lässt im „Faust" zur Walpurgisnacht die alte Hexe Baubo auf einem Mutterschwein daher reiten. Traf in Schlesien ein Hochzeitszug auf ein Schwein, so deutete man dies als schlechtes Omen. Die Ehe werde unglücklich, sagte man.

Andrerseits hat das Schwein einst in der Volksmedizin eine große Rolle gespielt: Von der Linderung von Kreuzschmerzen bis zur Zeugung männlicher Nachkommenschaft – oft griff man zu „schweinischen" Essenzen.

Der negative Beigeschmack in der christlichen Symbolik wich schließlich positiveren Erwartungen. „Mein idealer Lebenszweck ist Borstenvieh und Schweinespeck", singt der Banater Schweinezüchter Kálmán Zsupán in der Operette „Der Zigeunerbaron" von Johann Strauß Sohn.

Im Ersten Weltkrieg nahmen die Zeppelin-Luftschiffer lebende Ferkel als Maskottchen mit an Bord. Der Ausdruck „Schwein haben" wird unterschiedlich erklärt. Bei Wettbewerbs-Spielen im ausgehenden Mittelalter war es oft so, dass der Letzte ein Ferkel als Trostpreis überreicht bekam. So kam er unverhofft doch noch mit etwas vergleichsweise Wertvollem nach Hause. Die Formulierung „Schwein haben" könnte aber auch gar nicht von der Tierzucht kommen, sondern vom Kartenspielen: In Süddeutschland und Österreich heißt das Ass oft „Sau". Wer eine solche Karte hat, dem ist das Glück offenbar hold. Dass es nicht zu verachten ist, Schwein zu haben – im Sinn von Glück ebenso wie im Wortsinn, also ein grunzendes Ferkel im Kober zu halten – das braucht man nicht eigens zu erklären. „Kaspel" ist ein steirisches Dialektwort für Küchenabfälle, „g'Haspel" sagt man im Schwäbischen: Was heute in die Biotonne kommt, wanderte in den Schweinestall. Die Tiere sind genügsame Allesfresser, dankbare Resteverwerter. Und sie werfen zweimal im Jahr bis zu zehn Ferkel. Davon und damit lässt es sich gut leben. Das Schwein ist übrigens das einzige Haustier, das eigentlich nur gehalten wird, um geschlachtet und gegessen zu werden – das sprichwörtliche „Arme Schwein".

Da wollen wir jetzt aber doch ein paar Zahlen nachschießen, weil der Schweinefleischkonsum nicht wenig aussagt über unseren Wohlstand: In den sechzig Jahren zwischen 1950 bis 2010 hat sich der Fleischverbrauch beispielsweise in Österreich verdreifacht, von 265 000 auf 780 000 Tonnen. Das hat Theresa Willerstorfer 2013 in ihrer Masterarbeit am Institut für Soziale Ökologie der Alpen-Adria-Universität (Klagenfurt/Wien) erhoben. Der Verbrauch von Schweinefleisch pro Kopf und Jahr habe sich mehr als verdoppelt und sei von 24 auf 58 kg angestiegen. Dies entspreche rund sechzig Prozent des konsumierten Fleisches. „Global 2000" geht davon aus, dass der Verzehr von Fleisch in Österreich über 65 kg pro Kopf und Jahr liege.

Auch für Deutschland gibt es repräsentative Zahlen: Der Bundesverband der deutschen Fleischwarenindustrie geht von 53 kg Fleisch pro Person und Jahr aus, der Schweinefleischanteil ist mit 38,2 kg auch dort anteilsmäßig beachtlich. Höhere Zahlen – 61 kg – nennt das Statistik-Portal Statista. An die sechzig Millionen Schweine werden in Deutschland pro Jahr geschlachtet. Der Fleischkonsum in Deutschland ist deutlich niedriger als in Österreich. Hier wie dort geht der Verbrauch seit Jahren ganz leicht zurück – aber auf hohem Niveau. Rasant zugenommen hatte der Fleischverbrauch in den Jahren 1950 bis 1980. Bei allen Statistiken ist zu beachten, dass es natürlich einen Unterschied macht, ob die Zahlen von ernährungskritischen Institutionen oder von der Fleisch-Lobby kundgetan werden. „Fleischverbrauch" ist auch nicht dasselbe wie tatsächlicher Verzehr.

„Wirft man einen Blick auf die ‚traditionelle österreichische Küche' im 20. Jahrhundert, spielte Schweinefleisch – vom Schweinsbraten über Rippchen bis hin zur Zubereitung von Hartwürsten – durchgehend eine wichtige Rolle", schreibt Theresa Willersdorfer. „Im Unterschied zur Küche der Gegenwart, wurden in der Vergangenheit jedoch alle Teilstücke des Schweins verarbeitet: Gebackene Schweinsfüße, Hirn mit Ei oder geröstete Nieren waren ebenso Teil des Speiseplans wie die hochwertigen Fleischstücke."

Was die Schweinefleischverbote bei Juden und Muslimen anlangt, gibt es dafür keine plausiblen Erklärungen, nur sehr vage Theorien. Mit gesundheitlichen Erwägungen lässt sich der Sache kaum beikommen. Warum in den Mosaischen Gesetzen (Deut 14,3–20) das Schwein ebenso wie der Hase verbotene Speisen sind, ist durchaus rätselhaft. Und eine Frage darf man in dem Zusammenhang schon auch stellen: Laut Markus hat Jesus die von ihm ausgetriebenen Dämonen eine Schweineherde geschickt. Zweitausend Tiere! Was mit denen wohl geschehen wäre, wenn sie sich nicht in den See Genezareth gestürzt hätten?

Wer fürchtet sich vorm Schwarzen Mann?

Es wäre ein Unglück, wenn der Schornsteinfeger wegbliebe, auch im Zentralheizungs-Zeitalter

Der Schornsteinfeger – oder wie man in Österreich sagt: Rauchfangkehrer – war nicht von Anfang an ein Glücksbringer. Entsprechend der Ruß-Schwärze setzte man ihn dem Teufel gleich. Es gibt Zeichnungen und Gemälde, auf denen der Teufel als Rauchfangkehrer mit Hörnern und Hufen dargestellt ist. Zwar traute man dem Rauchfangkehrer die Fähigkeit zu, Geister zu bannen – aber angeblich tat er es mit Hilfe des Teufels.

Die Berufsgruppe schritt zur ideologischen Gegenwehr: Zu Neujahr kamen die Gesellen ins Haus, überbrachten die Jahresrechnung und verbanden dies mit den besten Glückwünschen. Das war bis in die sechziger Jahre des 20. Jahrhunderts noch allgemein üblich. Vereinzelt findet sich diese Tradition auch heute noch.

Die Rauchfangkehrer überreichten auch ein Kalenderblatt, das meist an markanter Stelle in der Wohnung angebracht wurde und ein wichtiger Begleiter das ganze folgende Jahr hindurch war. Die Figur des Schornsteinfegers war endgültig zum Glücksbringer mutiert. Dass es ein Glück war, wenn der Schornsteinfeger aufs Dach stieg und die an einem Seil hängende Kugel durch den Kamin fallen ließ, war sowieso keine Frage. Ein verstopfter Schlot bedeutete nicht nur für die Bewohner die Gefahr einer Rauchgasvergiftung. Von den vielen Bränden gerade in Städten zeugt nicht zuletzt der Umstand, dass in kaum einer

katholischen Kirche die Figur des heiligen Florian fehlt – jenes Heiligen, der aus seinem Schaff einen Wasserschwall über ein lichterloh brennendes kleines Gebäude gießt. Die Protestanten haben leider keine so einschlägig tätigen Schutzheiligen.

Häuser aus Holz oder Fachwerk, Dachdeckung mit Stroh oder Holzschindeln – da kann man sich die ständig lauernde Gefahr ausmalen. Mit gutem Grund haben die Städte schon im Mittelalter Feuerlöschordnungen erlassen. Die ältesten stammen aus dem 13. Jahrhundert aus Augsburg sowie Lübeck (1276), Wien (1278) und Flensburg (1284). In periodischen Abständen wurden Städte von bedrohlichen Bränden heimgesucht. Nehmen wir Passau als Beispiel. 846 und 1132 werden die ersten Stadtbrände erwähnt, 1181 brannte neben einem großen Teil der Stadt auch der Dom nieder. 1299 reagierte man auf ein Feuer, indem man auf Brandstiftung und Fahrlässigkeit drakonische Strafen verhängte. 1508 brannte es in der Stadt und 1512 schon wieder (da wurden dreihundert Häuser zerstört). Der beispiellose Stadtbrand von 1662 fraß 890 Gebäude und kostete zweihundert Menschen das Leben. Noch bevor die Stadt wieder vollständig aufgebaut war, kam es 1680 zu einem weiteren Stadtbrand, der wieder die Altstadt betraf. Ähnlich schauen die Chroniken der meisten Städte aus.

Gut also, wenn ein Schornsteinfeger als Fachmann ehzeitig zur Stelle war. Kein Wunder, dass es nach abergläubischer Meinung Glück brachte, ihn oder einen Knopf seines Arbeitsgewandes zu berühren.

In Italien war man etwas früher dran mit gemauerten Schornsteinen (14. Jhdt.) als hierzulande (ab dem 15. Jhdt.). In manchen Feuerordnungen wurde das regelmäßige Kehren

der Schornsteine zwingend vorgeschrieben. Aus Italien kamen auch wandernde Schornsteinfeger über die Alpen. Die Stadt Breslau verkündete 1578 eine „Neuaufgerichtete Feuerordnung" und erließ geregelte Kehrbezirke für die ortsansässigen Schornsteinfeger, die damit auch viel Verantwortung übertragen bekamen: Solche Rayons waren bis in die unmittelbare Gegenwart üblich. Erst seit wenigen Jahren können Rauchfangkehrer-Unternehmen auf dem freien Markt in Konkurrenz treten.
Ihr Aufgabengebiet hat sich stark verändert: „Der Schornsteinfeger: Ihr Sicherheits-, Umwelt- und Energieexperte", heißt es auf der Website vom Bundesverband des Schornsteinfegerhandwerks in Deutschland. „In circa 14 Millionen Gebäuden werden durch das Schornsteinfegerhandwerk jährlich wiederkehrende und in regelmäßigen Zeitabständen Kehr- und Überprüfungsarbeiten ausgeführt", kann man dort lesen. 2014 seien dabei an Feuerungsanlagen fast 1,4 Millionen Mängel betriebs- und brandsicherheitstechnischer Art festgestellt worden. Man sollte Rauchfangkehrer also immer noch des Glücks wegen berühren.
Nicht ohne Stolz weisen die deutschen Schornsteinfeger auch darauf hin, dass seit der verpflichtenden Einführung von Umweltschutzmessungen in den 1970er Jahren die schädlichen Emissionen (etwa von Öl- und Gasheizungen) um achtzig Prozent reduziert werden konnten. Ein wichtiges Thema in Zeiten, in denen alle von CO_2-Ausstoß und Feinstaub reden.
In Deutschland ist übrigens der 15. Oktober der „Tag des Schornsteinfegers". Da gibt es eine Aktionswoche zur Bewusstseinsbildung und Imagepflege. Aber wirklich allgegenwärtig ist der Rauchfangkehrer als Glücksbringer natürlich am Neujahrsmorgen.

Fliegenvernichter oder Psycho-Droge?

Wie der Fliegenpilz zum Glücksbringer wurde, ist eine rätselhafte Sache

Man möchte meinen, dass ein Glücksbringer deshalb zu seinem guten Ruf kommt, weil er selten und gar nicht leicht zu entdecken ist, so dass ihn nur ein sprichwörtlicher Glückspilz aufstöbert. Beim Fliegenpilz ist davon keine Rede. Die ziemlich große rote Kappe (bis zu zehn Zentimeter Durchmesser) mit den auffallenden weißen Tupfen leuchtet einem schon von weitem entgegen. Für Fliegenpilze, die sich so recht zu Hause fühlen in unseren an Unterholz armen Fichtenwäldern, braucht's kein großes Pilzfinder-Know-How.

Die zweite Auffälligkeit: Wie kommt ausgerechnet ein Giftpilz zu einem so positiven Image?
Und als Drittes sei gleich ein immens weit verbreiteter Irrtum aufgeklärt: „Ein Männlein steht im Walde, / ganz still und stumm. / Es hat aus lauter Purpur / ein Mäntlein um …" Dieses sympathische Männlein, eine Rätsellied-Erfindung des August Heinrich Hoffmann von Fallersleben (1798–1874), ist leider nicht der Fliegenpilz. Alle singen ja immer nur die erste Strophe. In der zweiten ist plötzlich von einem „schwarzem Käppelein" die Rede, das ganz und gar nicht zur weißgetupftem Amanita muscaria – so die korrekte Bezeichnung – passt. 1848 hat Hoffmann von Fallersleben das Lied geschrieben, aber erst zwölf Jahre später, 1860, hat er eine Erklärung nachgeschickt: „Das Männlein dort auf

einem Bein (...) kann nur die Hagebutte sein!" Die populäre erste Strophe des Lieds ist nichts als eine Rätsel-Finte.
Für Fliegen ist der Fliegenpilz nicht unbedingt bekömmlich: Man hat einst Stücke in gezuckerte Milch eingelegt, und das, so heißt es, mache den lästigen Surrern den Garaus. Die Sache hat aber einen Haken: Die Fliegen werden nur eine Zeit lang betäubt. Gestorben ist noch keine daran, versichern Biologen, so wie auch kein einziger Todesfall eines Menschen durch Fliegenpilz-Gift bezeugt sei. Man müsste, so haben Toxikologen errechnet, gut einen Kilogramm, also fünf oder sechs ziemlich große Fliegenpilze essen. Dann erst würde es dramatisch.

Aber eine Sache ist oft und genau beschrieben: In kleinen Mengen eingenommen, hat der Fliegenpilz sedative und halluzinogene Wirkung. Das haben sich vor einigen hundert Jahren Leute zunutze gemacht, um Rauschzustände herbeizuführen. Der englische Naturkundler Oliver Goldsmith (1728–1774) berichtet von Festen in Sibirien, bei denen ein Sud aus Fliegenpilzen gereicht wurde. „Sie beginnen zu lachen, erzählen Unsinn, werden zunehmend beschwipst." Da könne es schon lustig werden mit den sibirischen Korjaken. Im 18. und 19. Jahrhundert entwickelte sich der Fliegenpilz in Sibirien zu einer Modedroge.
Mit Drogen hat auch eine Story zu tun, die über zweihundert Jahre alt ist, aber deshalb nicht richtiger wird: Die „Berserker", in Bärenfelle gekleidete Krieger, werden in skandinavischen Sagas als Kämpfer beschrieben, die sich wie im Rausch gebärdeten und keinerlei Ängste kannten. Waren sie unter Fliegenpilz-Drogen gesetzt? Ein gewisser Samuel Ödman

hat diese Theorie im 18. Jahrhundert aufgebracht. Doch der Fliegenpilz-Input würde nichts bewirken, was den wüst und draufgängerisch kämpfenden Männern nachgesagt wurde, erklären Drogen-Sachverständige: Der Fliegenpilz enthalte Ibotensäure, aus der sich nach dem Pflücken das Toxin Muscimol entwickle. Und das mache nicht draufgängerisch, sondern eher müde. Im Halbschlaf erlebe man die Muscimol-bedingten Visionen. Das höchste der Gefühle sei, dass jemand auf seinem Fliegenpilz-Trip zu tanzen beginne.
Die Priester der Mayas sollen Fliegenpilze geraucht haben, um zu Visionen zu kommen. Sibirische Schamanen tranken ein Gebräu daraus – mit demselben Ziel. All das sind eher nebulose Mutmaßungen. Dass ein so auffälliger Pilz die Fantasie freisetzt, auch ohne ihn zu essen, kann man dennoch gut verstehen. Zum Namen „Hexenröhrling" kam er, weil die Pilze gern im Kreis wachsen. Das tun andere Pilze auch, aber bei den roten Kappen sticht es besonders hervor. Abergläubische Menschen nahmen dann an, dass so ein Fliegenpilz-Rund ein Tanzplatz für Hexen wäre. Und schließlich gibt es noch folgende Zuschreibung: wo der Schaum von den Nüstern der Pferde Wodans tropfe, wachse der Fliegenpilz.

„Narrenschwamm" hat man den Fliegenpilz auch genannt, wegen der bekannten halluzinatorischen Wirkung. Aber all das erklärt nicht hinreichend, wie oder warum er zu einem der geläufigsten Glückssymbole wurde. Vielleicht ja doch, weil ihn viele für das nette Männlein im Walde halten. Jedenfalls ist er dekorativer und auffälliger als die meisten seiner Artkollegen.

Wer den Cent nicht ehrt ...

Von Groschen, Pfennigen, Räpplern, Fischschuppen und Linsengerichten

Ein anschaulicher Glücksbringer ist das kleine Geldstück – dazu gibt es nicht viel zu erklären oder zu deuteln. Mehr soll es werden! Beim Schenken schwingt die Mahnung mit: „Wer den Pfennig nicht ehrt, ist des Talers nicht wert." Den Spruch gibt es in fast allen Ländern, umgelegt auf die jeweilige Währung oder – in Slowenien und Ungarn zum Beispiel – mit den Begriffen „das Kleine" und „das Große".

Glücksgroschen, Glückspfennig, Glücksrappen – vom Glückscent ist auch immer wieder die Rede, aber irgendwie fehlt es uns doch noch an Empathie gegenüber dem Euro, auf dass einem dies so leicht von den Lippen ginge. Will man Scheidemünzen in den alten Währungen erwerben, muss man unterdessen auf eBay schon ein paar Euro hinlegen. Ist man auf ein bestimmtes Prägedatum aus, kann ein zweistelliger Eurobetrag fällig werden. Kleine Münzen spielen bei Bräuchen von der Geburt weg aus naheliegenden Gründen eine Rolle. Die erste Münze – der meist vom Paten geschenkte „Tauftaler" – soll sorgfältig aufbewahrt werden, da sie das ganze Leben lang Glück bringen soll. Findige Menschen besorgen sich als Geschenk zur Geburt eines Kindes eine slowenische 1-Cent-Münze. Auf ihrer Rückseite ist ein Storch abgebildet. Zu bestimmten Anlässen wurden und werden Geldstücke in Brot mitgebacken, wer es findet, dem ist das Glück hold. Auf der Straße sollte man an kleinen Münzen nicht achtlos vorbei gehen. Das Bücken lohnt sich, man

will das Schicksal ja nicht vergrämen. Ein gefundenes oder geschenktes Groschenstück taugt allemal als Talisman in der Brieftasche. Bei dieser Gelegenheit sei daran erinnert: Eine Geldbörse verschenkt man niemals leer, sondern immer mit einer kleinen Münze drin. Es soll ja was weitergehen in Sachen Geldvermehrung. Wenn diese Münze blank poliert ist, soll das dem Glück ebenso auf die Sprünge helfen.
Am Cent-Glück sollte es nicht gebrechen: Über 45 Milliarden 1- und 2-Cent-Stücke sind im Umlauf. Ganz genau weiß man es nicht, weil die konkrete Stückelung der Geldwerte Angelegenheit jedes einzelnen Euro-Staates ist. Die Währungswächter der Union interessieren sich nur für die Summen als Ganzes.
Dass es bei uns einmal so weit kommen könnte wie in Schweden, dass man also auf Bargeld im Alltag verzichtet und alles per Kreditkarte begleicht, wollen wir uns in diesem Zusammenhang gar nicht ausmalen. An ein Ende werden die kleinen Münzen als Glücksbringer aber auch dann nicht kommen – man denke nur, wie viel altes Geld, Schilling oder D-Mark, noch in Privathaushalten gehortet wird.
Auch wenn es mit dem Bargeld weiter geht wie bisher, sind die wirklich kleinen Münzen gefährdet. In den Niederlanden und in Irland ist die Ausgabe der 1- und 2-Cent-Münzen sogar schon eingestellt worden. Finnland hat sich bereits bei der Euro-Einführung mit 1. Jänner 2002 gegen das 1-Cent-Stück entschieden und ein solches nur für Sammler prägen lassen.
Dass die nationalen Notenbanken die kleinen Münzen längst mit scheelen Blicken anschauen, hat nicht nur mit der Inflation zu tun. Noch 2004 haben die Herstellungskosten

einer 1-Cent-Münze dem Nominalwert entsprochen, unterdessen muss der Staat aber schon etwas drauflegen. Mit der Euro-Münze macht man ein viel besseres Geschäft, deren Erzeugung verursacht Kosten nur im niedrigen zweistelligen Cent-Bereich.
Wie sieht es in der Schweiz aus? Dort beginnt man derzeit mit fünf Rappen (Fünfräppler, Füfi, Füfer oder Föifi sagt man je Dialekt). Interessanterweise hat man die Produktion von Zweirappen-Münzen schon 1974 eingestellt, wogegen Einrappenstücke bis 2006 geprägt wurden. Vielleicht, um im Land der wirklich hohen Preise dem Aberglauben seiner Bewohner nicht Hindernisse in den Weg zu legen? Die Schweizer sagen zu dieser winzigen Münze „Räppler". Wenn die Basler in der Fasnacht „Räppli" sehen, dann regnet es keineswegs Münzen vom Himmel, sondern Konfetti.

Wenn es ums Geldglück geht, dann müssen wir übers Metall (die Cent-Münzen bestehen aus Eisen mit Kupfer-Ummantelung) hinausdenken. Wird ein Fisch serviert, dann sollte man ruhig eine Schuppe herunterzupfen. Diese glänzen nämlich metallen, und deshalb taugen auch sie als Talisman in der Geldbörse. In manchen Gegenden Deutschlands isst man Linsengerichte – das ist ebenfalls eine Form von Analogiezauber. Linsen, Bohnen und Erbsen, also Speisen aus „keimenden" Früchten, sollen ein ertragreiches Jahr bringen. Aber es gibt starke regionale Unterschiede: Bloß keine Erbsen, heißt es zum Beispiel in Ungarn: Das Glück würde davonrollen.

KALENDERGESCHICHTEN UND EIN WENIG ZEIT-GESCHICHTE

Daß bald das neue Jahr beginnt,
spür ich nicht im geringsten.
Ich merke nur: Die Zeit verrinnt
genauso wie zu Pfingsten.

Für spöttische Kommentare war Joachim Ringelnatz (1883–1934) immer gut. Aber auch der Kölner Theologe und Historiker Manfred Becker-Huberti nennt in einem grundlegenden Aufsatz Silvester und Neujahr kurzerhand ein „Buchhalterfest". Worauf er damit anspielt? Wann genau man das alte Jahr beginnen und das neue enden lässt, das sind im Grunde willkürliche Festsetzungen.

Reden wir über den Jahreswechsel, dann müssen wir auch auf die Geschichte der Zeitrechnung, auf unterschiedliche Kalendersysteme und auf die damit verbundenen Verhaltensweisen und Gebräuche schauen.
Verschiedene weltanschauliche Systeme haben miteinander konkurriert, einander über die Jahrtausende abgelöst. Religionen haben ihre Vorstellungen, Lehrmeinungen und Traditionen eingebracht. Die einen sind unterlegen, weil sie keinen gesamtgesellschaftlichen Konsens erzielen konnten oder einfach „aus der Mode gekommen" sind. Andere hatten die besseren Karten.

Nicht zuletzt hat die Natur nicht unwesentlich zu dem „Kuddelmuddel“ um den Jahreswechsel-Termin beigetragen, indem sie das Sonnenjahr 365 ¼ Tage lang sein, zwölf Monatszyklen aber nur 354 Tage dauern lässt. Misst man also die Monate, kommt man auf ein völlig anderes Ergebnis, als wenn man sich an der Tag- und Nachtgleiche, am längsten oder kürzesten Tag orientiert. Das sind nun Beobachtungen, für die es keine besondere himmelskundliche Einschulung braucht: Die Diskrepanz fällt einem aufmerksamen Naturbeobachter selbstverständlich auf. Naturbeobachter und -deuter waren nicht nur die hochgebildeten Priester der jeweiligen Religionen, sondern – quasi berufsbedingt – alle Bauern.

Der heilige Silvester

Ein Papst kommt zum Jahreswechsel wie die Jungfrau zum Kind

Bitte genau schauen! Wenn man eine Heiligenfigur mit einem Stier zu Füßen sieht, dann ist es so gut wie immer der Evangelist Lukas. Ganz, ganz selten entdeckt man in katholischen Kirchen aber den Stier zu Füßen eines geistlichen Herrn, der einen Bischofsstab in Händen hält und vielleicht eine Mitra oder gar die Tiara, die Papskrone, trägt. Das kann also nicht Lukas sein.
Es ist jener Papst, der dem Silvestertag den Namen gegeben hat: Silvester I. ist am 31. Dezember 335 in Rom gestorben. Schon in der Spätantike, ab dem 5. Jahrhundert, hat man sein Gedenkfest in der ganzen damaligen christlichen Welt – sie war noch klein – gefeiert. Mit dem Jahreswechsel hat Herr Silvester überhaupt nichts zu tun. „Waldmensch“ heißt der Name, aber das tut nichts zur Sache.

Wenn es nach Legenden ginge, dann wäre wohl nicht das Glücksschwein das Symboltier des Jahreswechsels, sondern der Stier. Der spielte jedenfalls eine entscheidende Rolle in einem Streitgespräch zwischen Silvester und zwölf jüdischen Rabbinern. Es war ein Disput mit ziemlich dramatischem Verlauf. Man stritt um die „richtige“ Religion. Mit elf Rabbinern hatte der argumentationsstarke Silvester wenige Probleme. Aber der zwölfte, ein gewisser Zambri, griff zu einem anschaulichen Mittel. Er versuchte es mit einem Gottesbeweis, der

Tierschützern heutzutage eher Stirnrunzeln bereitete: Zambri sprach den Namen Gottes aus, worauf ein Stier tot umfiel, weil er das Wort nicht ertrug. Was tat Silvester? Er rief seinen christlichen Gott zu Hilfe und erweckte den Stier wieder zum Leben.
Natürlich eine erfundene Geschichte, überliefert in der „Legenda aurea" des Dominikaners Jacobus de Voragine aus der Mitte des 13. Jahrhunderts. Der Streit zwischen den Rabbinern und dem Papst sei entbrannt, weil die (damals noch ungetaufte) Kaiserin-Mutter Helena ihren bereits zum Christentum bekehrten Sohn Konstantin überreden wollte, wieder zum Judentum zu konvertieren. Das wäre ganz und gar nicht im Sinne des Papstes Silvester gewesen. Die Sache mit dem Stier hat blendend funktioniert. Helena, Zambri und die anderen elf Rabbiner-Kollegen sollen sich augenblicklich taufen haben lassen.

Damit sind wir beim historischen Kern. Jene Zeit war eine sehr bedeutsame fürs Christentum. Silvester hatte als junger Priester noch die Christenverfolgungen unter Kaiser Diokletian erlebt. Mit Kaiser Konstantin dem Großen kam die entscheidende Wende: 313 hatte er die christliche Kirche anerkannt und in Mailand mit seinem Schwager Licinius (einem Sohn des Christenverfolgers Diokletian) eine folgenschwere Vereinbarung getroffen. Sie sicherte fortan jedem Bürger des Reiches das Recht auf freie Religionsausübung zu. Ein Jahr nach diesem denkwürdigen Ereignis wurde Silvester I. Papst.
Dass es Silvester gewesen sei, der Kaiser Konstantin taufte, ist historisch falsch. Es steht aber so in einer Urkunde, die als „Konstantinische Schenkung" in die Geschichte eingegangen ist. Diese ominöse „Donatio Constantini ad Silvestrem I papam" sichert den

Päpsten die – geistliche! – Herrschaft nicht nur über Rom zu, sondern gleich über das Weströmische Reich und eigentlich die ganze Welt. Und das für eine gute Weile, nämlich „usque ad finem saeculi" (bis ans Ende der Zeit). Aber das Dokument hat einen kleinen Schönheitsfehler: Die großzügige Schenkungsurkunde, auf die die Päpste seit der karolingischen Zeit auch ihre Macht als Souveräne eines eigenen Staates gründeten, stammt gar nicht von Kaiser Konstantin. Sie ist eine Fälschung, ungefähr aus dem Jahr 800. Peinlich, dass das aufgeflogen ist. Ob dieser (gefälschten) Urkunde trugen Päpste bis weit ins 20. Jahrhundert hinein kaiserliche Insignien wie Tiara und Szepter – und der Vatikan ist nach wie vor ein souveräner Staat. In diesem historischen (Zwie)Licht hat es jedenfalls Bedeutung, wenn man dem Papst Silvester in Bilddarstellungen nicht nur einen Stier, sondern auch päpstliche Erkennungszeichen mitgibt.

In seiner Regierungszeit wurden die Vorgängerbauten von dreien der vier Papst-Basiliken in Rom errichtet: der Petersdom, San Giovanni in Laterano und San Paolo fuori la Mura („vor den Mauern"), an der alten Straße nach Ostia. Sonst ist Papst Silvester eher wegen seiner kirchenpolitischen Untätigkeit aufgefallen – oder eben nicht aufgefallen: An der Reichssynode in Arles (314) hat er gefehlt, ebenso beim 1. Konzil von Nicäa (325). Beide Versammlungen hatte nicht Papst Silvester, sondern Kaiser Konstantin einberufen. In ersterem Treffen ging es im weitesten Sinn um die Frage von Taufen und Priesterweihen und ihre Gültigkeit (in der Zeit der Christenverfolgungen hatte so mancher Getaufte das „Hasenpanier ergriffen" und das Christentum verleugnet). In Nicäa (einem Ort nahe dem

heutigen Istanbul) stand die Dreieinigkeit Gottes als Vater, Sohn und Geist zu Diskussion. Aus heutiger Sicht hätte sich Silvester I. für all das mehr interessieren sollen.
Ein aufregendes Jahr in seiner Regierungszeit war 325. Helena, die Mutter von Konstantin dem Großen, war ja nach der legendären Sache mit der Stier-Auferweckung nicht nur bekehrt, sondern zu einer Vorzeige-Christin geworden (sie wird auch als Heilige verehrt). 325 soll sie im Heiligen Land das Kreuz Christi aufgefunden haben.
Silvester, der erste als Heiliger verehrte Papst, der nicht den Märtyrertod gestorben ist, wurde in den Priscilla-Katakomben bestattet. Im 8. Jahrhundert wurden seine Gebeine in die heutige Kirche St. Silvestro in Capite in Rom überführt.
Die ersten Legenden um den Papst, im „Actus Silvestri“ überliefert, sind an der Wende vom 4. zum 5. Jahrhundert entstanden. Man bastelte in Rom sehr entschieden am Selbstbild. Dass aber der Name Silvester ob des Altjahresabends auch nach 1700 Jahren jedermann geläufig sein würde, hat sich damals noch nicht abgezeichnet.

Schalten und walten

Warum bloß gibt es einen 29. Februar, aber keinen 32. Dezember?

Ovid überliefert in seinen „Fasti", in denen er von den römischen Feiertagen und ihren göttlichen Protagonisten erzählt, ein nettes Sittenbild: Cardea war eine an den Tiber-Gestaden umgehende Nymphe. Sie machte sich einen Jux daraus, mit Männern zu schäkern und ihre Liebhaber an ein lauschiges Plätzchen für ein Stelldichein voraus zu schicken. Allein, aus den Rendezvous ward dann nichts, weil sich die Nymphe klammheimlich davon zu machen pflegte, bevor es ernst wurde. Aber beim Gott Janus geriet sie an den Falschen: Der hat bekanntlich zwei Gesichter und behielt die kecke Cardea fest im Blick. Da war Cardea also die längste Zeit Fräulein gewesen. Janus, im römischen Götterparnass zuständig für Anfang und Ende, für Ein- und Ausgänge, war absolut kein undankbarer Liebhaber. Als Entschädigung für die geraubte Jungfräulichkeit machte er die Nymphe zu so etwas wie einer Abteilungsleiterin in seinem Zuständigkeitsbereich: Sie wurde die Herrin über Schwellen, Türscharniere und Türgriffe.

Janus – biceps (zweiköpfig) oder bifrons (zweigesichtig) – ist begnadet mit dem Vor- und Rückblick. Seine Zuständigkeit für Zeitenwenden drängte sich auf. Er hatte den absoluten Überblick. Kein Wunder, war er doch schon immer da. „Me Chaos antiqui (nam sum res prisca) vocabant", so stellt er sich bei Ovid vor: Chaos nannten mich die Alten, ein urvorzeitliches Wesen (wörtlich: eine altehrwürdige Sache). Janus hatte zu Ovids Zeiten

also Jahreswechsel genug hinter sich. „Me penes est unum vasti custodia mundi, et ius vertendi cardinis omne meum est", sagt er reichlich großkotzig: „Mir allein obliegt die Wacht über die unermessliche Welt, nur mir kommt das Recht zu, die Angeln zu drehen." Von den Haustüren (ianuae) und Duchgängen (iani) leitet sich sein den Römern unmissverständlicher Name ab. Dass er zum Namensgeber für den ersten Monat des neuen Jahres geworden ist, leuchtet uns augenblicklich ein ob seines in die Vergangenheit und in die Zukunft gerichteten Blicks. Freilich: Der Janus-Monat war, als die alten Römer ihr Jahr noch mit dem März beginnen ließen, erst der elfte. Oder auch nicht. Es gibt unterschiedliche, einander widersprechende Aussagen aus dem 2. und 1. vorchristlichen Jahrhundert. Die Römer könnten auch mit zehn Monaten ausgekommen sein, lassen einige Quellen vermuten. Es gab aber auch einen Schalt-Monat („Intercalaris"), weil die römischen Monate zu wenig Tage hatten. Dieser „Intercalaris" wurde zwischen Februar und März eingeschoben. Jedenfalls haben die Römer oft und gerne an ihren Zeiträdchen gedreht. Ihre Kalendersysteme waren, vorsichtig gesagt, ein wenig chaotisch und widersprüchlich. Gesichert ist: Seit dem Jahr 153 v. Chr. haben die römischen Konsuln am 1. Jänner ihren Dienst angetreten. Caesar war es schließlich, der mit seinem „Julianischen Kalender" ab 45 v. Chr. das Jahr endgültig an diesem Termin hat beginnen lassen. Federführend war der alexandrinische Astronom Sosigenes. Die Kalenderreform war notwendig geworden, weil man wieder einmal mit dem tatsächlichen Sonnenjahr ordentlich über Kreuz war. Dem Neubeginn 45 v. Chr. ging das sogenannte „Annus confusionis" voraus: Dieses Jahr 46 dauerte ungefähr vierzehneinhalb Monate.

Wie ist das nun mit dem Schalttag? Der alte Jahresbeginn im März und der „Schaltmonat“ war noch gut eingebürgert, und deshalb hat man den von Caesar beziehungsweise Sosigenes nun eingeführten Schalttag nicht einfach an den Dezember angehängt. Aber zu Caesars Zeiten war auch nicht von einem 29. Februar die Rede: „Ante diem bis sextum kalendas martias“ wollten Caesars Zeitrechnungs-Ratgeber den Tag eingeschoben wissen. Das heißt ein „zweiter sechster Tag“ vor den Kalenden des März war angesagt: Man hat den 24. Februar verdoppelt!
Die katholische Kirche hat diese sonderbare Art des Tag-Einfügens mitten im Monat übrigens endlos lange beibehalten. Im Missale Romanum wurde als Gedenktag des Apostels Matthias der 24. oder – eben im Fall eines Schaltjahres – der 25. Februar vorgesehen. Erst 2001, mit dem Erscheinen des neuen Heiligenkalenders (Martyrologum Romanum), hat man auch von Seiten der Kirche das letzte Zahnrädchen im Kalender-Mechanismus richtig eingestellt.

Für diejenigen, die es ganz genau wissen wollen: Caesars Kalenderfachleute sind davon ausgegangen, dass das Jahr 365,25 Tage lang sei. Tatsächlich dauert das astronomische Jahr (der korrekte Fachausdruck lautet „tropisches Jahr“) Jahr ganz exakt 365,24219 Tage. Auch Kleinvieh macht Mist, heißt es so schön, und das gilt auch für Dezimalstellen: Der Fehler belief sich letztlich auf einen Tag in 128 Jahren.
Darum also war schließlich die „gregorianische“ Kalenderreform notwendig. Im 16. Jahrhundert hatte sich eine ansehnliche Zeitdifferenz zwischen theoretischem Frühlingsbeginn

(am 21. März) und der tatsächlichen Tag- und Nachtgleiche ergeben. Das Sonnenjahr ging vor – oder der Kalender nach. Papst Gregor XIII. ließ deshalb im Jahr 1582 auf den 4. Oktober den 15. Oktober folgen. Die Abfolge der Wochentage hat er damals nicht verändert, auf einen Donnerstag folgte ein Freitag.
Der gregorianische Kalender fängt die dem Julianischen Kalender davon galoppierte Zeit ein, indem er zu allen Jahren mit zwei Nullen hinten (1800, 1900) das Schaltjahr ausfallen lässt. Kann man diese Jahre aber durch 400 teilen (etwa das Jahr 2000), dann sind es doch wieder normale Schaltjahre. Mit diesem Trick ist der Fehler minimiert: Bloß um 26,739 Sekunden tickt das astronomische Jahr nun dem Kalenderjahr nach und es dauert 3231 Jahre, bis wieder ein unprogrammgemäßer Schalttag fällig wird. Weil 1582 alles ganz synchron war, wird es erst 4813 so weit sein. Das soll uns nicht weiter kratzen.

Mit der „Schaltsekunde", um die man gelegentlich die Weltzeituhr korrigiert, haben Kalenderberechnung und Schaltjahre übrigens gar nichts zu tun. Da geht es darum, dass man bis in die 1950er Jahre die Sekunde als 1/86400 Teil mittleren Sonnentages definiert hat. Leider dreht sich die Erde in Wirklichkeit nicht immer gleichmäßig. Es gibt Schwankungen in der Größenordnung von Bruchteilen von Sekunden. Aber Astronomen, die das ganze All und seine Sternenbewegungen in ihren ultrastarken Fernrohren haben, machen sogar solch minimale Ungenauigkeiten unrund.

Musste es überhaupt der 1. Jänner sein?

Um das Fest zu Ehren des Janus los zu werden, zeigten sich die Christen recht erfindungsreich

Wann kann man ein neues Jahr beginnen lassen? Die Römer hatten seit der Zeit Caesars, also schon Jahrzehnte vor Christi Geburt, den 1. Jänner eingeführt. Doch dabei blieb es nicht. Erstens blieb das alte römische Neujahr, der 1. März, durchaus im Bewusstsein der Menschen. Im März beginnt die Feldarbeit der Bauern, ein Jahresanfang ist gerade da durchaus plausibel.

Den Christen wiederum waren die Feste, die man zu Ehren des Janus feierte, ein Dorn im Auge. Darum rückte man auch gleich nach Ende des Römischen Reichs wieder ab vom 1. Jänner. Verbote von Vermummungen und Tänzen musste man trotzdem immer wieder aussprechen.
Vom Standpunkt des Christentums wären ja verschiedenste Termine denkbar gewesen: Die Geburt Jesu ebenso wie seine Auferstehung wären zwei logische und ganz leicht vermittelbare Anlässe, einen neuen Jahreskreis zu beginnen. Das hat man auch über Jahrhunderte so praktiziert. In verschiedenen Ländern und zu unterschiedlichen Zeiten gab es das ganze Mittelalter hindurch und bis in die Neuzeit hinein durchaus individuelle Regeln.

Eine so verbreitete wie originelle Idee: Neujahr am Fest Mariae Verkündigung (25. März, neun Monate vor Weihnachten). Man dachte sich: Eigentlich beginnt alles mit dem Heiligen Geist, der da über Maria kam (und mit dem Engel, der ihr diese Botschaft brachte). In Pisa hat man eine gute Weile das Jahr auf diese Weise gerechnet, in Deutschland war dieser Jahresanfang in der Erzdiözese Trier vom 12. Jahrhundert bis zum Dreißigjährigen Krieg, also bis ins 17. Jahrhundert hinein üblich. In Luxemburg und Lothringen galt er bis 1575 bzw. 1579. In England war deutliches Murren zu vernehmen, als man 1752 (!) statt dem 25. März den 1. Jänner einführte.

In Europa bot sich ein höchst diffuses Bild: In Frankreich ließ man das Jahr mit dem Ostersonntag beginnen, in Flandern und Brabant am Karfreitag. Weil Ostern aber ein bewegliches Fest ist, ergab das in beiden Fällen ein ziemliches Datums-Durcheinander mit unterschiedlichen Jahreslängen. In der Erzdiözese Köln ist man schleunigst davon abgerückt und hat Weihnachten als Jahresbeginn gewählt (ab 1310). Ähnlich hielt man es in Genf. In Deutschland bevorzugte man eher den Jahresbeginn mit Weihnachten (doch einige Bistümer scherten aus). Ebenso regelte man es in Spanien von 1350 (Aragonien) bzw. 1383 (Kastilien) an, bis dahin hatte man es dort mit Maria Verkündigung gehalten. 1556 wurde in Spanien generell der 1. Jänner als Jahresbeginn festgeschrieben.

Da letztlich gegen den 1. Jänner doch kein Kraut gewachsen war, hat man sich von Seiten der Kirche schon im 9. Jahrhundert eine Finte ausgedacht: Das Fest der „Beschneidung

des Herrn“ (Circumcisio Christi), das in Gallien und Spanien im 6. Jahrhundert greifbar wird, verlegte man damals auf den 1. Jänner. So hatte man pro forma an den einstigen Termin des Gottes Janus wenigstens ein ernst zu nehmendes Herrenfest gesetzt.
Papst Innozenz XII. (1691–1700) schließlich hat 1691 für die gesamte Kirche den 1. Jänner als Neujahr anerkannt.

Zu Neujahr und Kirche ist noch festzuhalten: Das Kirchenjahr beginnt heutzutage offiziell mit dem 1. Adventsonntag. Es gibt also immer noch eine liturgische Parallel-Zeitrechnung, freilich ohne Auswirkung auf die jeweilige Jahreszahl.
Und am Neujahrstag selbst hat man mit der Liturgiereform 1969 das Fest der Beschneidung des Herrn abgeschafft. Nun ist der 1. Jänner wieder, wie in der frühen Kirche, ein Marienfest. Der Tag heißt im Kirchenkalender „Hochfest der Gottesmutter Maria und des Namens Jesu“.

ISO 8601 ist das Maß aller Dinge

Alles ist auf Doppelpunkt und Bindestrich genau geregelt, und das seit 1943

Wenn wir uns am Neujahrsmorgen verschlafen die Augen reiben, sind wir dann im Januar oder im Jänner aufgewacht? Die Jänner-Morgenmenschen outen sich mit dieser Monatsbezeichnung als Österreicher oder – bestenfalls – als alpennahe Bayern. Sogar in der traditionsbewussten Schweiz tendiert man eher zum Januar. Den Jänner lässt der Duden nur als regionale Eigentümlichkeit gelten, und von den alten Monatsnamen wie Hartung, Eis- oder Schneemonat reden wir erst gar nicht. Es bedeutet alles das Gleiche: Hartung leitet sich her von hart im Sinn von kalt und gefroren.

Wir wechseln also vom 31-12-2017, 23:59:59 Uhr auf 01-01-2018, 00:00:00 Uhr. Wenn wir das so schreiben, haben wir allerbeste Chancen, dass uns PC, Tablet und Handy gut verstehen. Auch wenn sie in Korea oder China erzeugt worden sind. Die Technisierung und Digitalisierung hat nämlich im Lauf der vergangenen Jahrzehnte manche Verfeinerungen, Präzisierungen und auch ganz neue Einheiten und Schreibweisen gebracht. Zuvor war man lange mit der unter der Signatur DIN 1355-1 festgeschriebenen Regelung, erstmals 1943 veröffentlicht, ausgekommen. Da durfte man Dez oder Dez. schreiben. Den Punkt konnte man setzen oder auch nicht. Eine Woche dauerte von Sonntag, 0:00 Uhr bis Samstag, 24:00 Uhr. Der Doppelpunkt war noch nicht üblich. Großzügig ging es da noch zu, die Sekunden waren schnurzegal.

1975 wurde erst ein klein wenig reformiert, zum Beispiel kam da bei der Jahresangabe „n. Chr.“ beziehungsweise „v. Chr.“ ins Spiel. Solches festzuschreiben, war den Regulatoren in der Zeit des Nationalsozialismus kein Herzensanliegen gewesen. Den ur-deutschen Sonnabend hat man 1975 durch den ideologisch unverdächtigen Samstag ersetzt. Ernsthaft dreingemischt in die DIN-Vereinheitlichungen (DIN steht für „Deutsches Institut für Normung“) hat sich alsbald die ISO. Eine solche internationale Normungs-Vereinigung hatte es schon in der Zwischenkriegszeit gegeben, 1947 formierte sie sich neu. In den 1980er Jahren wurde dann die Grenzen überschreitende Festschreibung auch der Zeit- und Datumsformate zunehmend wichtig.

1994 hatten die nationalen DIN-Regelungen endgültig ausgedient. Seither gibt die zuletzt 2006 überarbeitete „ISO 8601“ die Richtwerte für alle Zeit- und Datumsangaben vor. Die Behörde, die das alles festschreibt, heißt „International Organization for Standardization“. Warum man sie mit ISO und nicht mit IOS abkürzt, hat nicht mit dem Apple-Betriebssystem zu tun, sondern mit dem altgriechischen Wort „isos“. Es heißt „gleich“ und kommt in Wortzusammensetzungen meist als Vorsilbe „iso...“ vor.

Im Prinzip geht es um die Lesbarkeit für Maschinen, wobei auch jetzt Alternativen zugelassen sind. 2018-01-01 darf auch 20180101 geschrieben werden. Der nun übliche Doppelpunkt zwischen Stunden, Minuten und Sekunden darf ebenfalls wegfallen. Nach den Sekunden folgen Kommastellen, aber so eilig haben wir es im Alltag nun wirklich nicht.

Was Wirtschaftstreibende möglichweise interessiert: Wenn der Neujahrstag auf einen der mittleren Wochentage fällt – beginnt dann schon die erste Kalenderwoche des neuen

Jahres? Das ist so geregelt: Fällt der 1. Jänner auf Montag bis Donnerstag, dann fängt auch gleich die erste Kalenderwoche an. Zumindest vier Tage muss sie haben. Auch das ist unter ISO 8601 festgeschrieben.

Ein Blick in den Mandlkalender

Der „Steirische Bauernkalender", ein Überbleibsel der Analphabeten-Literatur

Gut ein halbes Jahrtausend alt ist der im Kloster Admont in der Obersteiermark erhaltene Holzschnitt: ein Kalenderblatt für Menschen, die nicht lesen und schreiben konnten.
Auf einen Montag fiel damals der Neujahrstag. Die Jahre 1481, 1487, 1498, 1509 oder 1515 kommen als Druckjahr in Betracht. Entlang von zwölf Monats-Linien sind die Tage in Form kleiner Dreiecke angedeutet. Sonntage sind rot gekennzeichnet. Über den Tagen finden sich die Attribute vieler Heiliger. In Sebastian stecken Pfeile. Der Drache steht für den heiligen Georg, der Löwe für den Evangelisten Markus. Der große Kessel ist jener, in dem der heilige Vitus sein Martyrium in kochendem Öl erlitten hat.
Dieser Kalender kommt ganz ohne Ziffern und ohne ein einziges geschriebenes Wort aus. Weil Ostern und andere bewegliche Feste nicht eingezeichnet sind, reichten sieben solcher Blätter (je nach Wochentag des Jahresbeginns) aus. Damit war man für sein Leben kalendermäßig gerüstet und hatte auch als Analphabet Orientierung im Jahreslauf.

Von „Mandlkalender" sprach man wegen der Heiligenfiguren. Der noch junge Buchdruck ermöglichte es, solche Einblattdrucke unters Volk zu bringen. Die Menschen waren mehrheitlich des Lesens und Schreibens unkundig. Der Mandlkalender ist also Analphabeten-Literatur, zu der auch die „Biblia pauperum" rechnete. Zeichen, Symbole und

Jänner 2017
Genovefa
Erhard
Severin
Ernst
Sebastian
Agnes
Vinzenz v. S.
Franz v. S.
Angela
1 2 3 4 5 6 7 8 9
10 11 12 13 14 15 16 17 18 19 20
21 22 23 24 25 26 27 28 29 30 31

Bilder mussten für sich sprechen. In Nürnberg, Augsburg, Zürich, aber auch im heute slowenischen Laibach (Ljubljana) sind solche Mandl- oder Bauernkalender gedruckt worden. Ab dem 16. Jahrhundert waren sie weit verbreitet und neben der Bibel meist das einzige Druckwerk im Haushalt einfacher Leute.

Ein Sprung ins Heute: Einzig in der Steiermark wird im deutschen Sprachraum ein solcher Kalender Jahr für Jahr herausgegeben, im Grazer Verlag Leykam. Er ist Kultobjekt und Bestseller, 2015 hatte er eine Auflage von 260 000 Stück.
Auch im aktuellen Mandl- oder Bauernkalender sind die Tages-Heiligen mit ihren charakteristischen Zeichen und Gerätschaften abgebildet. Laurentius hält einen Rost (er hat den Feuertod erlitten und gilt seither als der Schutzpatron der Köche). Valentin hält die Sense, mit der er enthauptet worden ist. Dionysius trägt seinen Kopf mitsamt Bischofsmütze unterm Arm, denn er wurde geköpft. Ähnlich ist es den Geschwistern Felix und Regula ergangen. Die beiden Märtyrer haben frommer Legende nach in der im Frühmittelalter noch gottlosen Schweiz ihre abgeschlagenen Köpfe eigenhändig zum Friedhof geschleppt. Petrus hält natürlich den Himmelsschlüssel bereit. Dem heiligen Martin versagt der „Mandlkalender" ein persönliches Bild, dafür sehen wir an seinem Gedenktag eine feiste gerupfte Gans. Die fromme Cäcilia spielt erwartungsgemäß auf der Orgel.

Der Mandlkalender hat über ein halbes Jahrtausend sein schlichtes Holzschnitt-Design nur geringfügig verändert. Im Lauf der Jahrhunderte kamen Angaben über das zu erwartende

Wetter hinzu. Es gibt Zeichen für Nebeltage, für Regen und Wind. Ein schwarzer Handschuh signalisiert, dass man sich an solchen Tagen leicht kalte Finger holt.
„Hundertjähriger Kalender“ ist ein Fachwort der Kalendermacher. Es bedeutet nicht, dass sich das Wetter alle hundert Jahre wiederholte. Die Angaben beziehen ihre Glaubwürdigkeit aus der Beobachtung der Witterung über sehr lange Zeiträume hinweg.

Eine Sanduhr mit römischer Ziffer zeigt die Zahl der Sonnenstunden an. Als Angaben zum Mondjahr dazukamen, wollten erboste Kirchenmänner im Mandlkalender eine „Bibel des Aberglaubens“ erkennen. Lieber hätten sie die frommen „Mandln“ (Heiligen) allein gesehen. Wer die Symbole recht zu lesen verstand, hatte aber jetzt gute Anweisungen bei der Hand, um den häuslichen Frieden zu wahren. Aus den Erklärungen eines Kalenders, der 1675 in Linz erschienen ist: An eigens gekennzeichneten Tagen seien tunlichst „die Weyber und das Heyrathen zu meyden …“

DER ABSCHIED VOM ALTEN JAHR

Das alte Jahr nimmt hüt es Änd,
jetz gäht enanderen alli d'Händ,
tüet uuf es jedes Feischter,
löht uus die böse Geister,
mir zieh mit Lärm vo Huus zu Huus
u jage se zum Stedtli uus!

Im neue Jahr viel Glück u Säge,
Gsundheit un es längs, zääjs Läbe
z'ässe gnue u z'wärche gnue
u jedem Meitschi e Schatz derzue,
das tüe mir allne wünsche.

Das ist der Spruch der Schweizer Achetringele, auf Hochdeutsch: „Hinunterläuter". Da kommt deutlich heraus, was zu Silvester und Neujahr wichtig ist: Es ist ein klassischer Termin des Abschließens, des Hinübergleitens, des möglichst unbelasteten Neubeginns. Von Übergangsbräuchen, von „Rites de passage" reden die Volkskundler. Vom Achetringelen in Laupen (einem Dorf ganz in der Nähe von Bern) reden wir hier deshalb, weil in den beiden Strophen des Glückwunsch-Spruchs so ziemlich alles drin steckt, um das es in den Bräuchen zu Silvester und Neujahr im Kern geht.

„Gäht enanderen alli d'Händ": Gut, wenn man allen die Hand reichen kann zum Jahresabschluss. Da sollte man im Reinen sein mit sich und mit den Nachbarn. Schulden sollten beglichen und keine Arbeit liegen geblieben sein. Daher auch die althergebrachte Meinung, vor der Neujahrsnacht bloß keine Wäsche aufzuhängen. Die alte Wäsche muss gewaschen, gebügelt und im Kasten wohl verstaut sein. Der Jahreswechsel taugt nicht, um – im übertragenen Sinn – Schmutzwäsche zu waschen. Das wäre kein guter Neustart.
„Löht uus die böse Geister": Die Dämonen auslassen, hinaustreiben: Lärmbräuche zu Silvester werden sehr gerne mit naturreligiösen Ansichten verknüpft. Man sagt, dass schon die Germanen solche Riten kannten und praktizierten. Das sind natürlich Theorien, nicht selten sehr gewagte Zuschreibungen. Viele der Figuren, die in Silvester- und Neujahrsumgängen auftauchen, haben ja gar nichts zu tun mit mythologischen Archetypen, sondern sind einfach Karnevalslarven. Sie sind auf kulturellen Wanderungen in der Barockzeit aus dem Fasching oberitalienischer Städten herüber gewandert über die Alpen. Andere Gestalten sind der lokalen und regionalen Märchen- und Sagenwelt entnommen und kreativ eingebaut worden in die verschiedenen Umzüge.
Aber die Vorstellung hat schon was: Raus mit dem geahnten und in den Bräuchen real personifizierten Bösen! Tabula rasa machen und einfach neu beginnen. Dann sieht es gut aus für das im Spruch der Archetringler angesprochene „lange, zähe Leben" und für reichlich Essen. Das Wort „wärche" steht für Arbeit. Also genug Arbeit haben – wie aktuell! Und wenn dann noch jedes „Meitschi" seinen „Schatz", jedes Mädchen seinen Liebhaber findet – was soll man noch mehr wünschen für das neue Jahr?

Prangerschützen

Warum sollten zum Jahreswechsel nur die Sektkorken und Raketen knallen?

Was für eine Masse! 15 000 Mitglieder zählen Tirols Schützenvereine, 235 Kompanien gibt es im Land. Ein echter Tiroler Schütze greift zu Andreas Hofers Todestag (20. Februar) zum Gewehr, gerne auch zu kirchlichen Festen wie Maria Himmelfahrt (15. August). Kultstatus hat bei den Schützen der Herz-Jesu-Sonntag im Juni. Begrüßen die bewaffneten Tiroler Mannsbilder auch das neue Jahr mit lautstarken Salven? „Das ist nicht Schützenbrauch!" Beinah entrüstet reagiert man bei der Dachorganisation in Innsbruck auf die Frage.
Das ist ein anschauliches Beispiel für regionale Brauch-Abgrenzungen. Im benachbarten Salzburg nämlich, wo die Schützentradition nicht weniger heimisch ist, gehört das Schießen zu Silvester und Neujahr so gut wie verpflichtend dazu. Heiligabend und Neujahr sind da ebenso eingebürgert, wie Sommersonnenwende oder persönliche Anlässe wie Hochzeiten. Umbruch-Zeiten also. Man schieße, „um böse Geister zu vertreiben und die anstehende Zeit mit guten Vorzeichen zu beginnen", schreiben die Prangerstutzenschützen der kleinen Gemeinde Lochen (im Grenzgebiet zwischen Salzburg und Oberösterreich) auf ihrer Website.

Das mit den bösen Geistern ist so eine Sache. Sie müssen für gar viele Lärmbräuche herhalten und dem Hinweis aufs Geistervertreiben begegnet man gerade bei Silvester- und

Neujahrsbräuchen auf Schritt und Tritt. In Wirklichkeit war die Sache so: In der Zeit des Nationalsozialismus hat man misstrauisch auf Bräuche aus dem katholischen Dunstkreis geäugt und versucht, solche Wurzeln möglichst zu verschweigen. Dafür war man umso schneller mit Rückschlüssen auf germanische Mythen bei der Hand. Und fürwahr: Ein vermeintliches Herkommen aus archaischen vorchristlichen Zeiten ist rasch behauptet und macht sich gut in Brauch-Deutungen. Allein, wissenschaftlich haltbar ist das nicht, sondern bestenfalls wagemutige Behauptung. Die moderne wissenschaftliche Volkskunde macht sehr bewusst einen ganz weiten Bogen um solche Schein-Erklärungen, die oft erst in der Nazi-Zeit aufkamen.

Was Schützenbräuche betrifft, ist die Wintergeister-Sache leicht widerlegt. Generell waren Schützenverbände immer dann gefragt, wenn die Zeiten unsicher und Grenzen zu verteidigen waren. Die ältesten Schützenkompanien können ihre Wurzeln ins Mittelalter zurückverfolgen (im Zuge der Urbanisierung war lokale Bewaffnung und Selbstverteidigung durchaus nötig). Einen ganz großen Schub zum bürgerlichen Aufrüsten gab es im Dreißigjährigen Krieg (1618–1648). Und dann wurde es in Folge der Napoleonischen Kriegszüge in Europa abermals so recht unsicher.

Neben diesen wehrhaften Schützen gab es aber auch ganz andere. Solche, die von vornherein dazu da waren, mit ihren Schüssen Freude zu bereiten: Den Prangerstutzen-Schützen in Salzburg etwa darf man ruhig vor die Mündung treten (zu nahe freilich auch nicht). Prangerstutzen sind nämlich keine Gewehre, sondern Dinge, mit denen sich bloß Lärm machen lässt. Das dafür lautstark und effektvoll.

Nehmen wir die Mondseer Prangerschützen: Sie sind von je her keine Verteidigungs-, sondern Festschützen. Urkundlich sind sie 1684 erstmals genannt. Aufgabe von vornherein: Den „Prangtag" (Fronleichnam) lautstark mit ihren Böllern und Musketen zu verkünden. Auch das Christkindl- und Neujahrsanschießen stammt aus dieser Zeit.

Die Prangerschützen aus Mondsee (im Salzburg-nahen Oberösterreich) sind ganz typisch für viele derartige Vereinigungen. 1896 haben sie das letzte Mal Munition gekauft, dann waren sie vorerst passé. Erst ab den achtziger Jahren des 20. Jahrhunderts bekam das Traditionelle wieder mehr Wertschätzung. Eine Vielzahl von Bräuchen im Jahreslauf wurde und wird seither wiederbelebt. 1981 wurden die „Mondseer Prangerschützen" also wiedergegründet. „Unsere Tracht wurde in Zusammenarbeit mit dem Oberösterreichischen Heimatwerk aus altherkömmlichen bodenständigen Trachten entworfen", berichten sie. Diese Tracht besteht aus schwarzen Haferlschuhen, grauen Stutzen, Lederkniebundhose, weißem Hemd, grünem Leibchen, violettem Janker und schwarzem Hut.
Der Prangerstutzen ist so etwas wie eine kleine Handkanone, gut einen halben Meter lang und fünfzehn bis dreißig Kilogramm schwer. Ein Vorderlader, der mit Schwarzpulver geladen und mit einer Zündkapsel abgeschossen wird. Außer Schall und Rauch kommt nichts heraus. Das Wort „Prang" meint Pracht (so, wie die Sonne am Himmel „prangt"). Pracht und Festlichkeit wollen die Prangerstutzenvereine erhöhen, das ist ihre Aufgabe seit je her. Ihr Anteil im Schützenwesen? Nehmen wir das Bundesland Salzburg: Da gibt es 109 Schützen- und Gardeformationen (mit rund 6000 Mitgliedern). Dreißig davon

sind Prangerstutzenvereine, die anderen Bürgerwehren sowie Garden, Historische Wehrschützen und Festschützen.
Neben den Prangerstutzen gibt es noch leichtere Handböller mit deutlich kürzerem Rohr, ebenfalls Vorderlader. Auch das ist kein Schieß-, sondern ein „Bumms"-Ding.
Im Schwarzwald wird das Pulver einen Tag später entzündet, da ist das Neujahrsschießen weit verbreitet. Im badischen Villingen etwa lässt man es am Neujahrsmorgen zwölf Mal aus Vorderladerkanonen krachen, für jeden Monat des bevorstehenden Jahres ein Schuss. Der Brauch des Historischen Grenadiercorps ist zwar erst fünfzig Jahre alt (seit 1967), aber er erinnert an eine viel ältere Begebenheit. Man bezieht sich auf ein Gelübde aus dem 17. Jahrhundert. Im Dreißigjährigen Krieg war die Stadt im Winter 1633 durch die Württemberger belagert worden. An die tausend Kugeln und Granaten flogen in Richtung der Stadt, bis Sturm und Schneeregen einsetzten und die Angreifer zum Aufgeben zwangen. Daran also soll erinnert werden, wenn am Neujahrsmorgen „zu Ehren der Stadt und der Region" geböllert wird.
Originell, dass man beim Neujahrsschießen in Schönwald (ebenfalls im Schwarzwald) auch ganz andere Töne hört: Zu diesem Verein gehören nämlich auch Alphornbläser, und die sind am Neujahrsmorgen mit von der Partie.

Sternschießen rund um Salzburg

Der Kreis um die Mozartstadt wird enger

Warum nicht das alte Jahr mit militärischen Ehren verabschieden? Das passiert rund um die Stadt Salzburg zur Nachmittagsstunde des 31. Dezember auf eindrucksvolle Weise: Das „Sternschießen" ist ein seit 1967 geübter Brauch.
Dahinter steckt die Idee des Salutschießens. Wo kommt dieser Lärmbrauch auf, der dann als ehrerbietende Geste gegenüber hochgestellten Persönlichkeiten umgemünzt wurde? Es ging am Anfang darum, dem Gegenüber zu beweisen, dass man in friedlicher Absicht komme. Geschütze waren logischerweise geladen, und in der Frühzeit der Feuerwaffen war es nicht so, dass man einfach das Patronenmagazin leerräumen konnte. Also musste man die Dinger leerschießen, in die Luft oder ins Wasser. Zur See soll im 14. Jahrhundert mit solchen Schüssen an Hafeneinfahrten begonnen worden sein.
Bereits im Dreißigjährigen Krieg war es dann schon gängiger Brauch geworden, Feldherrn und hohe Persönlichkeiten mit Schüssen zu ehren. „Salut" kommt vom lateinischen Wort „salutare", also begrüßen. Dem Militär hat die Kirche das Salutschießen abgeschaut: In der Zeit der Gegenreformation war die katholische Kirche bestrebt, sich effektvoll in Szene zu setzen. Damals haben die militärischen Feuerschützen eine feste Rolle in kirchlichen Zeremonien zugewiesen bekommen, die sie bis heute gerne erfüllen. Vor allem im Alpenraum ist das üblich und Teil des folkloristischen Aspekts kirchlicher Festveranstaltungen.

Eine Fronleichnamsprozession oder ein anderer Festzug in Salzburg oder in Tirol ohne die ortsansässigen Schützenvereine? Schier undenkbar! Der Salut wird in dem Fall zur Ehre Gottes geschossen.

In solchem Selbstverständnis gründet auch das Salzburger Sternschießen am Silvester-Nachmittag. Es steckt kein historischer Anlass, keine Reminiszenz an die Geschichte dahinter. Das Bundesland hat eine besonders reiche Tradition des Schützenwesens. Bei einem Brauchtumsfest 1967, an dem viele Schützenverbände aus dem Flachgau (dem nördlichsten Landesteil des österreichischen Bundeslandes) teilnahmen, hat man ein kreisförmiges Schießen rund um die Gemeinde Thalgau veranstaltet. Dort gibt es eine besonders traditionsreiche Schützenkompanie, die schon auf ihr über vierhundertjähriges Bestehen zurückblicken kann. Der Effekt war so nachhaltig, dass man die Idee hatte, es zu Silvester rund um die Landeshauptstadt ebenso zu machen.
Weil die Schützenvereine auch gut vernetzt sind untereinander und man sich sowieso zu Silvester und Neujahr gerne in Szene setzt, nehmen so gut wie alle Schützenvereine der Region am Sternschießen teil. Um 15 Uhr geht es los. Man beginnt im äußersten Umkreis von etwa dreißig Kilometern um die Stadt Salzburg. „Es wird geschossen von der oberösterreichischen Landesgrenze bis zum Pass Lueg“, erklärte der unterdessen verstorbene Gert Korell. Er war Bezirkskommandant der Schützenvereine in der Stadt Salzburg sowie Hauptmann der Bürgergarde und in diesen Funktionen einer, der das Sternschießen von Anfang an mitgetragen hat.

In imaginären konzentrischen Kreisen nehmen gut vierzig Kompanien Aufstellung. Die einen schießen mit Gewehren, viele andere sind mit Prangerstutzen (einer Art Handböller) ausgerüstet. Man bevorzugt Hügel und höher gelegene Hänge, weil es ja auch darum geht, einander zu hören. Was erst von Ferne grummelt, kann man ab etwa 16 Uhr in der Stadt selbst schon sehr deutlich hören. Über ein Dutzend Gruppen nimmt auf den stadtnahen Bergen Aufstellung, die Geografie Salzburgs begünstigt den Effekt: Der Mönchsberg mit der Festung Hohensalzburg und der Kapuzinerberg liegen einander im Stadtzentrum unmittelbar gegenüber. Es ist also akustisch mächtig was los.

Einheimische und Touristen haben nicht nur zu hören, sondern auch zu schauen. Die Salzburger Bürgergarde rückt aus, um dem Bürgermeister ihre Neujahrswünsche zu überbringen. Mit ihrer Kanone feuert sie auf der Staatsbrücke traditionellerweise den letzten Schuss des dreidimensionalen Akustik-Events ab. Man ist im Zentrum angelangt. Die Salzburger Bürgergarde kann auf eine Geschichte bis ins Jahr 1287 zurückblicken.

Nach dem Sternschießen setzen sich die Schützen in ihrer jeweiligen Gemeinde gesellig zusammen, das gehört ebenso dazu wie die Einladung der Salzburger Bürgergarde ins Alte Rathaus, wenige Schritte von Mozarts Geburtshaus entfernt, wo man Glühwein ausschenkt.

Nicht nur Schall, auch Rauch bitte!

Der Segen spendende Duft in der guten Stube und im Stall

Mondkalender und Sonnenkalender wollen einfach nicht zusammenpassen. Die zwölf Mond-Zyklen sind das natürliche „Anschauungsmaterial" für die Monatseinteilung, und sie reichen nun mal nicht aus, um das Sonnenjahr ganz zu füllen. An der Differenz zwischen den 365 ¼ Tagen des Sonnenjahrs und den nur 354 Tagen des Mondjahrs lässt sich nicht rütteln. Dem Aberglauben haben die elf quasi „aus der Zeit" gefallenen Tage mächtig auf die Sprünge geholfen.

Dass es nicht nur im „dunklen" Mittelalter, sondern bis weit in die Neuzeit hinein unterschiedliche Jahreswechsel-Termine gab, hat die Sache fürs einfache Volk nicht überschaubarer gemacht. Ab wann das neue Jahr zu zählen ist, war beinah nach Gutdünken geregelt. Und dann war da noch bis 1582 die aufgelaufene Zeitdifferenz zwischen Sonnenjahr und dem Julianischen Kalender! In Tirol sagte man bis ins 19. Jahrhundert hinein: „Sankt Lutzen macht den Tag stutzen." Wie das? „Sankt Lutzen" meint den Gedenktag für die heilige Lucia am 13. Dezember. Weil das reale Sonnenjahr bis zur Datumskorrektur unter Papst Gregor XIII. vorauslief, war dieser Tag nach subjektiver Wahrnehmung der allerdunkelste im Jahr. Auch in Schlesien hatte man „Die Zwölften" von Lucia aus bis Weihnachten angesetzt. „Die Zwölften": Das sind eben jene elf Tage Zeitunterschied zwischen Mond- und Sonnenjahr, plus dem Ausgangstag, den man mitgezählt hat. Man sprach auch von der Zeit

„zwischen den Jahren". „Twische de dage" hieß es in Schleswig-Holstein, „Zwischennächte" sagte man in Böhmen und im Vogtland. Gemäß den beschriebenen Kalender-Ungleichheiten meinte man nicht überall die gleiche Zeitspanne, aber dasselbe Phänomen, das geeignet war, Angst zu machen: „verlorene" Tage, die obendrein in die Wochen mit den allerlängsten Nächten fielen.

Im Alpenraum vor allem hat man dafür das anschauliche Wort Raunächte geprägt. Je nachdem, ob man die christlichen Feiertage einrechnete oder nicht, gebrauchte man den Begriff Raunächte für leicht differenzierende Zeiträume: Vom Thomastag (21. Dezember, der wirklich längsten Nacht) bis Silvester, von Weihnachten bis Jahreswechsel oder auch bis Dreikönig. In Oberösterreich heißt gar die lange Zeit von Weihnachten bis Sankt Valentin (14. Februar) „unter den Nachtn". Das Wort „Altjahrswoche" gebraucht man in der Schweiz für die Spanne von Weihnachten bis Jahreswechsel.

In neuerer Zeit haben sich vier Termine als eigentliche Raunächte eingebürgert: der 21., 24. und 31. Dezember sowie der 6. Jänner. „Raunächt san vier, zwoa foast und zwoa diar", heißt es im Salzkammergut – also „dürre" (Thomas und Silvester) und „feiste" oder „fette" Raunächte (die Heilige Nacht und Dreikönig). Die Bezeichnungen haben mit dem Essen zu tun, zu Weihnachten und Dreikönig war die Tafel dem Anlass gemäß üppiger gedeckt. Zu allen vier Terminen – also auch zu Silvester – war und ist es in ländlichen Gegenden (vor allem im Alpenraum) nach wie vor üblich, abends mit Weihrauch durch die Wohnung und auch in den Stall zu gehen.

Vor der Rechtschreibreform, als man noch „Rauhnächte" schrieb, war das Wort ja noch anschaulicher. Eigentlich leitet es sich nicht vom Wort „rau" ab (obwohl das sehr schön zur Jahreszeit passen würde), sondern vom Rauch. Da in verschiedensten Sagenkreisen die Mär umging, dass in diesen finsteren Nächten die Geister Ausgang hätten, setzte man auf die segensreiche Kraft von Weihrauch. Der Duden lässt neben „Raunacht" auch das Wort „Rauchnacht" zu, womit er trotz Rechtschreibreform wieder ein wenig ethymologische Wahrheit einbringt.
„Rauchen gehen", „Räuchern", „Hausausräuchern" sind typische Bezeichnungen für die religiöse Handlung innerhalb der Familie. Die Kohle glüht in einer „Rauchpfanne" oder einem anderen geeigneten Behältnis. Das gelbe Harz beginnt bei rund 800 Grad seinen Duft zu entfalten. Bei den Bauern ist das Tragen der Rauchpfanne ursprünglich die Aufgabe des Familienvaters. Der älteste Sohn oder andere Hausbewohner assistieren und besprengen Menschen, Tier und Gerätschaften mit Weihwasser.
In der Zeit der Aufklärung hat man das Räuchern genau so wenig gern gesehen wie andere Bräuche. Nachdem das Räuchern 1777 von Maria Theresia für die Erblande und 1785 von Josef II. für Tirol verboten worden war, überlegten die Salzburger 1788 ein Verbot, empfohlen aber statt dessen eine Hausandacht zur Vermeidung von Gefahren.
Mancherorts gehört eine „Maulgabe" für die Stalltiere dazu. Es fehlt nicht an Märchen und Sagen, in denen die Tiere gerade in den Raunächten reden. In den Nächten „zwischen den Jahren" ist eben alles anders, geheimnisvoller, auch Angst machender als sonst. Aber die Hoffnung stirbt, wie man so schön sagt, zuletzt: Im Stodertal (in der oberösterreichischen

Alpenregion) ist es nach wie vor üblich, dass sich die ganze Familie nach dem Räuchern in der Stube im Kreis um die Räucherpfanne aufstellt. Die Männer „fangen“ mit dem Hut die Weihrauchwolke ein und setzen den Hut zwei Mal auf, die Frauen machen das Gleiche mit dem Kopftuch. Es heißt, das helfe gegen Kopf- und Zahnschmerzen.
Eigenartig eigentlich: Gerade, nachdem nach christlicher Überzeugung mit der Geburt Jesu das Licht in die Welt gekommen ist, schlägt im lebendigen Volksglauben die Geisterstunde.

Mehr Licht!

In der Schweizer Stadt Wil rücken die Kinder mit Laternen aus

Kurz vor 18 Uhr sollen am Silvesterabend in Wil, dieser wunderschönen historischen Fürstenstadt im Kanton St. Gallen, möglichst alle elektrischen Lichter in den Häusern abgedreht werden. Wil Tourismus bittet auch ausdrücklich jedes Jahr die Geschäftsleute in der Altstadt, Schaufenster-, Werbe- und Eingangsbeleuchtungen abzuschalten. Denn so finster wie möglich soll es sein, wenn viele hundert Kinder zum traditionellen Silvesterlaternen-Umzug aufbrechen.

Man weiß, dass sich auch viele Touristen diesen Anlass nicht entgehen lassen. Deswegen können Wiler Kinder auch beim örtlichen Tourismusverband kostenlos Papier abholen, das sich zum Bemalen eignet. Auch Bastelanleitungen für Laternen bekommt man dort. Wie kommt es zu dem netten Brauch in der schmucken Altstadt, von der es heißt, es sei die besterhaltene in dieser Ecke der Schweiz? Laut einer alten feuerpolizeilichen Bestimmung musste man in jedem Haus für den Notfall Sturmlaternen bei der Hand haben. Und auf dass dem auch wirklich so war, hat man deren Vorhandensein am Silvesterabend „visitiert“. Die Kontrolleure wurden von Lampenträgern und auch immer mehr von Kindern begleitet. Daraus hat sich vermutlich der Laternenumzug, heute Sache der Schulkinder, entwickelt. In den 1930er Jahren erhielt der Brauch einen weiteren Impuls, indem

erstmals die schönsten selbst gebastelten Laternen prämiiert wurden. Auch heute noch spendiert die Stadtverwaltung Einkaufsgutscheine von Wiler Geschäften.
Diese Inspektion fand und findet noch heute – allerdings nur noch als schöner Brauchtumsanlass – am Silvesterabend statt. Traditionsbewusste Hausbesitzer stellen an diesem Abend auch wirklich eine Petroleumlampe oder eine Laterne mit Kerze in die straßenseitigen Fenster. Auch darum bittet der organisierende Wiler Tourismusverein.
Beim Umzug sind nicht nur Kinder unterwegs. Auch die Stadttambouren ziehen mit. Diese Schar von Trommlern trägt die historische Uniform eines St. Galler Tambours, wie sie um 1830 üblich war. Sie begleiten das Spiel von Clairons und Fanfaren. Auf drei Plätzen singen Alt und Jung unter Begleitung der Stadtmusik in die Jahreszeit passende Lieder. Auch besinnliche Texte werden gelesen und kurze Reden gehalten. Auf dem Rückweg erstrahlt die Stadt in Festbeleuchtung. Zum Abschluss ertönen fröhliche Lieder, und jedes teilnehmende Kind erhält ein Gebäck, den „Wiler Silvestermann“.

Der Wiler Laternenumzug findet jedes Jahr am 31. Dezember um 18 Uhr in der Altstadt von Wil statt, Beginn ist am Hofplatz – www.wiltourismus.ch

Vom Rummelpottlaufen, Hulken und Kenknern

Auch an der Nordsee ist alles bereit zum Jahreswechsel

„Rummel, rummel, rooken, schenk mi 'n Appelkoken!" Das ist Plattdeutsch. Man kann den Spruch aus dem Mund von Kindern an den Gestaden von Schleswig-Holstein hören. Auf der Insel Föhr klingt es noch ein wenig exotischer, denn dort spricht man Fering (Föhrer Friesisch). Die Kinder dort geben sich noch mit Süßigkeiten zufrieden bei ihrem Heischegang in Verkleidung. Bei den Erwachsenen, die am Abend unterwegs sind, ist dann eher Hochprozentiges gefragt. Und weil es ja kaum bei einer einzigen Station bleibt bei den Kenknern auf Föhr, kann es dort schon recht ausgelassen zugehen zu späterer Stunde.
Aber vorerst bleiben wir noch auf dem Festland, in Schleswig-Holstein. Das Rummelpottlaufen ist dort noch gang und gäbe. Auch in Niedersachsen kennt man den Brauch noch da und dort, und im dänischen Süd-Jütland ebenfalls. Ein echter Rummelpott kommt einem freilich nur mehr ganz, ganz selten unter. Eher wird geklappert und gescheppert, was das Zeug hält.

Der echte Rummelpott (auch: Brummtopf) ist ein irdenes Gefäß, wie eine Trommel überspannt mit einer Schweineblase oder einer anderen dünnen Tierhaut. Durch ein Loch in der Haut wurde ein Schilfrohr gesteckt und fixiert. Wenn man mit der Hand dieses Schilfrohr entlang gefahren ist, dann hat das ein dröhnendes Geräusch gemacht, wie man

es gelegentlich auf der Toilette vernehmen kann. Es funktioniert auch mit einem Stück gedrehtem Seil oder Spagat. Der Rummelpott ist eher nichts für feine Ohren! Die Lacher hat man damit alleweil auf seiner Seite.
Die Tradition des Rummelpottlaufens geht auf das 17. Jahrhundert zurück. Gruppen von verkleideten Menschen sind von Haus zu Haus gezogen. Wenn sich Gelegenheit bot, haben sie sich in improvisierten Liedern gerne lustig gemacht über die jeweiligen Hausleute. Unter dem Schutz möglichst perfekter Vermummung, versteht sich.
In Schleswig-Holstein ist das Rummelpottlaufen heutzutage vor allem ein Kinderbrauch. Es gibt Süßigkeiten oder kleine Geldbeträge. Wenn die jungen Besucherinnen und Besucher Glück haben, bekommen sie auch ein krapfenartiges Backwerk aus Hefeteig, das dort Pförtchen, Förtchen, auf Plattdeutsch auch Futjes, Futtjens oder Pfütten heißt. Es kursieren die unterschiedlichsten Schreibweisen. Es ist ein klassisches Essen während des Weihnachtsfestkreises. In einer Pfanne mit halbkugelförmigen Vertiefungen werden die Pförtchen herausgebacken. Da ist die Fülle – Apfel- oder Pflaumenmus, aber auch Mandeln und Rosinen – meist schon drin im Teigbällchen.

Bereits Ende des 18. Jahrhunderts sollen die Pförtchen, einst eine Süßspeise am Heiligen Abend, zur Silvester-Süßigkeit geworden sein. Bis dahin waren im Norden Deutschlands eher die aus Mehl, Honig und Gewürz im Waffeleisen gebackenen Neujahrs-Kuchen üblich. Jetzt also eine Köstlichkeit beim Rummelpottlaufen, der dadurch auch zu einem „Vollbuksabend“ wird: Da schlägt man sich den Bauch voll.

Föhrer
Föhrer

„Fru mok de Dör op, de Rummelpott will rin …“ Das ist eines von vielen Scherzliedern der Kinder, die nach empfangenem Obulus nicht abziehen, ohne gute Wünsche auszusprechen: „Frohet Neejohr, schiet op ole Johr!“
Über das Rummelpottlaufen heißt es oft, es sei gemacht worden, um böse Geister zu vertreiben. Volkskundler werden es eher als Solzialbrauch klassifizieren. Solche Umzugs-Tage erlaubten es materiell weniger gut gestellten Menschen, nach Gaben zu heischen, ohne dass das als Betteln eingestuft worden wäre. Ein Lied wie „Ick bin een armen König, / giv mi nich to wenig, / lot mi nich so lang stohn, / denn ick mut noch wider gohn“, weist in eindeutige Richtung. Gerade in den Raunächten waren solche Heischegänge in ganz Europa üblich. Viele Brauchformen lassen sich darauf zurückführen.
Auf der Nordseeinsel Amrum heißt derselbe Brauch „Hulken“. Dort ist es ein Erwachsenenbrauch geblieben. Die verkleideten Männer und Frauen, die in kleinen Gruppen umgehen, nennt man Hulken. Beim Verlassen des Hauses wünscht man sich noch ein „Seegent nei Juar“, wieder eine mundartliche Sonderform, Amruner Friesisch nämlich.
Auf der benachbarten Insel Föhr sagt man Rummelrotje oder „ütj tu kenknin“. „Kenkner“ also sind dort unterwegs, nachmittags die Kinder, zu späteren Stunden die Erwachsenen. Schon Wochen vorher dichten sie an individuellen Spottversen zu ihren Liedern. Natürlich verkleidet man sich auch hier. Die Orte Oldsum, Utersum, Nieblum und Oevenum gelten als Hochburgen des Brauchs. Die Kenkner verabschieden sich mit dem Wunsch „Seegnt nei Juar!“ Wenn sie Gesundheit wünschen, dann klingt das dort so: „Sünjhaid!“

Besuch vom Altjahrsesu

Wer nach vorne blickt, muss auch eine Rückschau riskieren

Esler sind eben Esler, sagt man. Einen Verein braucht's da nicht. Der „Altjahrsesu" ist Sache des Dorfes – der männlichen Bewohner, wie es sich bei solchen traditionellen Gepflogenheiten sowieso fast von selbst versteht.

Wir sind in Schwarzenburg, gute 15 Kilometer südlich von Bern. Es ist Silvesterabend, punkt zwanzig Uhr. „Dr Esu isch eröffnet!", heißt es, und dieser Ruf ist jedes Jahr Auftakt zu einem der figurenreichsten Silvesterabend-Bräuche nicht nur in der Schweiz. Am Ende des gut dreistündigen Umzugs, der durch acht Gasthäuser führt, wird der Mann unter dem weißen Eselskostüm gar viele Schläge abbekommen haben. Diese Figur steht für das alte Jahr und bekommt für seine Sünden ordentlich Prügel. Ein „Altjahrspfarrer" ist auch mit von der Partie. Eines solchen ureigene Profession ist bekanntlich das Predigen. Was er zu erzählen weiß, darin erkennen sich die Leute in dem 6000-Einwohner-Ort sehr gut wieder. Sei es die Dorfpolitik oder der eine oder andere Mitbewohner, der in den vergangenen zwölf Monaten irgendwie auffällig geworden ist, im Positiven wie im Negativen.

Aber wir greifen vor: Noch sind all die verkleideten Leute und die „Esumusig" ja im Freien unterwegs, angeführt von einem Herrn in Uniform, dem als Ordner des Zugs ein gewisser Respekt zukommt. Gleich wird er ins Horn stoßen und den ersten Wirt fragen: „Isch dr Esu erloubt?" Klar, alle warten ja nur drauf, dass die bunte Gesellschaft hereinkommt:

der „Esu“ mit seinem Führer, das „Hinnerefürfroueli“, ein doppelgesichtiges Janus-Wesen mit gleich zwei Masken, gefolgt von vielen anderen. Rund vierzig sind es jedes Jahr. Wer welche Rolle spielt – das wird bei einem einzigen Treffen im Herbst vereinbart. Zu proben braucht man nicht.

Wo der Pfarrer ist, ist der „Tüfü“ auch nicht weit. Er steht hier aber nicht fürs Böse, sondern ist ein recht dummer Kerl, mit dem man Schabernak treiben kann. Aber wenn es ihm zu bunt wird, droht er doch lautstark mit seiner Holzratsche. Fürs neue Jahr steht das Brautpaar: Wenn eine Familie gegründet wird, ist allemal Optimismus angezeigt, so wie eben für die nächsten zwölf Monate. Der „Söiplaterehengscht“ ist dick mit Stroh ausstaffiert und kugelrund. Mit getrockneten Schweinsblasen, die an Stöcken befestigt sind, drischt er auf die Zuschauer ein. Diese Figur wird uns auch in anderen Schweizer Umzügen noch begegnen. Manch andere gibt es, die genauer anzuschauen sich lohnt. Etwa das Huttefroueli, ein gebücktes altes Weiblein, das in seiner Strohbutte einen Mann herumschleppt, der nichts Besseres zu tun hat, als mit seiner hölzernen Klapp-Schere den Leuten die Hüte vom Kopf zu schnappen.

„Liebi Dorflüt – u wär süsch no zuelost“, lässt sich der Pfarrer vernehmen (Liebe Dorfleute, und wer sonst noch zuhört). Seine Altjahrespredigt, bei der alle angehalten sind, Rückschau zu halten, ist das Kernstück des Umzugs. Nicht unwesentlich für die Esler ist der „Fässliträger“, denn der Wirt muss einen ordentlichen Wein-Obulus leisten. Schließlich ist für die Esler ihre Tätigkeit mit dem „Altjahrsesu“ nicht vorbei: Am Neujahrstag am frühen Nachmittag werden sie wieder zusammenkommen, zum „Ussuufe“. Die

„Kässeler“ sind auch nicht unwichtig, sie sammeln von den Anwesenden Spenden, mit denen sie Masken und Kostüme finanzieren.
Mit einem „Läbit wohl u zürnet nüt!“ endet der Pfarrer, und die Esu-Gruppe zieht weiter ins nächste Lokal. Acht Gaststätten sind es, und wenn dort der Räume mehr sind, muss der Pfarrer bei Bedarf auch zwei Mal predigen. Weil nicht alle Schwarzenburger und andere Schaulustige Platz finden in den Wirtshäusern des Ortes, wird der Auftritt auch noch auf einer improvisierten Bühne auf dem Dorfplatz wiederholt.
Der „Altjahrsesu“-Brauch war schon fast vergessen, nach dem Krieg hat ihn ein Dorfschullehrer wiederbelebt. Mit Erfolg, wie man sieht. Ein schöner Brauch, der die Dorfgemeinschaft festigt. Die Figuren tauchen zu vielen Anlässen im ganzen Alpenraum auf, man begegnet ihnen mit Abwandlungen in der Schweiz über Tirol bis Oberösterreich (dort bei den Innviertler „Maschkerern“ oder beim „Nebelberger Raunachtsingen“ an den südlichen Ausläufern des Böhmerwalds). Es ist die übliche über die Zeiten zusammengewachsene Mischung aus Perchten- und Fasnachtsfiguren. Für die meisten von ihnen ist der Dreikönigstag, also die letzte Raunacht und zugleich der Schnittpunkt zwischen Weihnachtszeit und Fasching, der übliche Auftrittstag. Umzüge schon zu Silvester sind eine Schweizer Besonderheit.

Am Silvestertag ab 20 Uhr in Schwarzenburg (Schweiz)
www.altjahrsesu.ch

Sebastiani-Brunnensingen

Die „ehrbaren“ Männer in Rheinfelden lösen für ihre Stadt ein altes Gelübde ein

Zwölf Männer treten um Punkt 21 Uhr aus der Kirche. Sie sind ganz schwarz gekleidet, tragen Mantel, Handschuhe und Zylinder. Je drei gehen schweigend nebeneinander. Der in der Mitte vorne trägt an einer Stange eine Laterne. Beim Brunnen vor der Rheinbrücke hält die Gruppe das erste Mal und singt ein uraltes Lied. Kommt im Text der Name Jesus Christus vor, lüften die im Kreis stehenden Herren ehrfürchtig den Zylinder.

Zwei Mal, zu Heiligabend und in der Silvesternacht, findet in der Schweizer Stadt Rheinfelden das Brunnensingen der Sebastianibruderschaft statt. Seit 450 Jahren fast ohne Unterbrechung. Damit erinnert man an die Pest, die den Ort vier Mal heimgesucht hatte. Im 12., 14. und 15. Jahrhundert gab es Epidemien, dann noch eine im Jahr 1541. Damals mussten siebenhundert Rheinfeldner dran glauben. Zwölf Stadtbewohner gründeten daraufhin die Bruderschaft. Sie nannten sich Sebastiani-Brüder. Der heilige Sebastian hatte das Martyrium durch Pfeile erlitten. Schnell wie die Pfeile verbreite sich die Krankheit, nahm man an. So kam Sebastian zum Pest-Patronat.

Noch etwas glaubte man: Die Krankheit werde durch verseuchtes Brunnenwasser übertragen. Und so kam es nicht von ungefähr, dass die Sebastiani-Brüder mit einer Laterne die sechs Brunnen der Stadt abgingen, dort ein Lied anstimmten und so Gottes Schutz erbaten. Nach wie vor macht man an sechs Brunnen Halt. „Der heutige Gesang in der

Stille und Dunkelheit der Altstadt Rheinfeldens während der weihnachtlichen Festfreude erinnert an die früheren Schreckenszeiten der Pestzüge", erklären die Sebastiani-Brüder. Mit der Textzeile „Gott gebe euch allen ein gutes neues Jahr!", endet der Gesang an jedem der Brunnen. Die Melodie ist die gleiche wie am 24. Dezember, aber der Text ein anderer. Und noch ein Unterschied: Während man in der Heiligen Nacht um 23 Uhr beginnt und nach dem einstündigen Umzug zur Christmette geht, macht man sich zu Silvester zwei Stunden früher auf den Weg. Letztes Ziel ist aber auch da die Stadtkirche St. Martin. Eine Besonderheit: Als man die Sebastiani-Bruderschaft begründete, war man in der Gegend katholisch. 1873 hat sich die Gemeindeversammlung von Rheinfelden aber dezidiert gegen den beim ersten Vatikanischen Konzil festgeschriebenen Primat des Papstes ausgesprochen und ist „christkatholisch" geworden (so sagt man in der Schweiz zu „altkatholisch"). Jetzt ist aber bei der Sebastiani-Bruderschaft die Konfession kein Thema mehr. Um als Mitglied (auf Lebenszeit) vorgeschlagen zu werden, muss man, wie es in den Statuten heißt, ein „ehrbarer" Mann sein. Ansehen ist also wichtig, und es reicht nicht, bloß seinen Wohnsitz hier zu haben. Sebastiani-Brüder müssen schon „Bürger" des Ortes sein. Und das Singen sollte einem Mitglied der Bruderschaft auch nicht zu schwer fallen. Die Prozession der Sebastianibrüder ist kein großer Event, aber 150 Leute können zu Silvester diesen besinnlichen und leisen Umzug schon beobachten.

Am 24.12 ab 23 Uhr und am 31.12. ab 21 Uhr in der Altstadt von Rheinfelden
www.rheinfelden.ch

Sylveschter Trösche

Im Schweizer Hallwil rückt man dem alten Jahr mit Dreschflegeln auf den Pelz

Eigentlich ist's verwunderlich: Zur Sommersonnenwende, in der kürzesten Nacht des Jahres, brennen rundum die Johannes- und Sonnwendfeuer. Und auch zu Ostern, also nahe dem Frühlingsvollmond und der Tag- und Nachtgleiche, ist das Entzünden großer Feuer verbreiteter Brauch im ganzen deutschen Sprachraum. Aber gerade zu Silvester, wenn es am Finstersten ist und man des Lichts (so möchte man jedenfalls meinen) am meisten bedürfte, gibt es kaum Feuerbräuche. Da setzen alle auf moderne Pyrotechnik!
In alten volkskundlichen Berichten kann man schon gelegentlich von Silvesterfeuern lesen. Es hat sie gegeben. Erhalten haben sie sich nicht, und nur an wenigen Orten laden Vereine zu Glühwein am offenen Feuer. Das ist dann ein ganz neuer Brauch und hat eher Event-Charakter. Selten wo macht man sich die Arbeit, tatsächlich ein hölzernes Gerüst zum Abbrennen aufzurichten.
Gut, dass es den Schweizer Ort Hallwil (im Kanton Aargau) gibt! Es ist die einzige Gegend in Mitteleuropa, wo Silvesterfeuer wirklich noch alte Tradition sind (im nicht weit entfernten Egliswil mach man's auch). „Silveschter-Füür" sagt man in Hallwil. Schon im Herbst wird das nötige Material gesammelt. Vor Silvester entsteht dann aus langen Baumstämmen eine ungefähr neun Meter hohe Holzpyramide. Man füllt sie mit Ästen, Tannenreisig und sonstigem Holz.

Das Besondere in Hallwil: Der Brauch ist unmittelbar verknüpft mit dem „Silveschter-Trösche“, einem archaisch anmutenden Lärmbrauch mit Dreschflegeln. Auf halb Zwölf hin machen sich die Hallwiler auf den Weg hinauf zum Bruderhübel, einer Anhöhe süd-westlich des Dorfes. Da zünden die Drescher nämlich den Holzstoß an. Viertel vor Zwölf hört man Kirchengeläute und gleich drauf gehen die Männer mit den Dreschflegeln links und rechts eines großen Bretts, des Dreschladens, in Position. Hier wird also kein Stroh gedroschen, sondern hartes Holz. Ein exakt eingeübtes rhythmisches Hämmern baut sich auf, bis schließlich alle Acht in sicherem Rhythmus so laut poltern, dass man sein eigenes Wort nicht mehr versteht. Schlag Mitternacht ist Stille: Das neue Jahr läuten die Glocken ein und die Umstehenden wünschen einander „es guets Nöis“. Und dann wird gleich wieder weiter gepoltert mit den Dreschflegeln, ins neue Jahr hinein.

Wie erklärt man hier Silveschter-Trösche und Silveschter-Füür? Auch hier habe die Sache mit Kalenderverschiebungen zu tun, heißt es. Einst hat man vermutlich zu Weihnachten, also wirklich in den längsten Nächten, gedroschen und gefeuert. Als der Jahresanfang auf Silvester verlegt wurde, ist der Brauch mitgewandert zum neuen Datum. Das klingt plausibel.

Dass nach religiösen Vorstellungen der Germanen die Wintersonnenwende mit Feuer- und Lärmbräuchen gefeiert wurde, ist verbürgt. Es ist ja kein Zufall, dass sich in Island Silvesterfeuer bis heute erhalten haben. Man sagt dort „Áramótabrenna“ dazu. Die

Menschen versammeln sich an den Feuern, um gemeinsam das neue Jahr zu begrüßen. Jeder kann Holz beisteuern. Allein in der Hauptstadt Reykjavík brennen in der Silvesternacht zehn solche Riesenfeuer. Das Halwiler „Füür“ könnte sich also durchaus von germanischen Sitten herleiten.

Auch das Lärmerzeugen mit Dreschflegeln war als Brauch früher mancherorts im deutschen Sprachraum bekannt. In der Zeit des Nationalsozialismus haben Volkskundler auch das mit germanischen Geistervorstellungen verknüpft: Mit dem Dreschen auf Holz, in Analogie zum Dreschen des Getreides, soll eine fruchtbare Ernte herbeigeführt werden. Solche Dinge lassen sich weder beweisen noch widerlegen. In Hallwil verweist man darauf, dass gerade am Ort des heutigen Brauchs, dem Bruderhübel, eine alte heidnische Kultstätte vermutet werde.

Hallwil liegt im Schweizer Kanton Aargau, am Nordende des Hallwiler Sees. Eine halbe Stunde vor Jahreswechsel geht es los mit dem „Silveschter-Trösche“ und dem „Füür“ auf dem Bruderhübel.

Die Schuppel der Chlausen

Mit ohrenbetäubendem Schellenklang geht es im Appenzellerland ins neue Jahr und in die Fasnacht

Eines dürfte ziemlich sicher sein: Den Besuch eines Fitnessstudios können sich die Appenzeller sparen, egal, ob sie als „Schö-Chläus“ unterwegs sind, als „Wüeschte“ oder als „Schö-Wüeschte“. Die Schellen aus gehämmertem Blech sind nämlich oft schulterbreit und wiegen entsprechend viel. Was ein g'standener Silvesterchlaus ist, hat gleich zwei solcher Riesendinger umgeschnallt, eine Schelle am Rücken und eine vor der Brust. Eine der charakteristischen Musiken dieser Silvesterchläuse entsteht durch die drehende Bewegung des Oberkörpers. Die Gruppen heißen „Schuppel“ und bestehen aus sechs oder sieben Männern, wobei zwei von ihnen in Frauenkostüme schlüpfen und viele kleinere Schellen umgehängt haben.

So also ziehen die Schuppel an zwei Traditionsterminen durch Dörfer und Weiler im Appenzellerland: am Silvestertag selbst und am 13. Jänner. Wie kommt es zum zweiten Umzugstag für die Silvesterchlausen mitten im ersten Monat des Jahres? Mit der Kalenderreform vom Julianischen zum Gregorianischen Kalender und den damals, im Oktober 1582, entfallenen Tagen haben sich die Appenzeller Chlausen nicht recht anfreunden wollen. So machen sie bis heute ihre Umzüge sowohl am damals neu festgesetzten als auch am althergebrachten Altjahrestag.

1663 werden die Silvesterchlausen das erste Mal erwähnt, und zwar nicht lobend. Eine solche Verkleidung sei „eines Christenmenschen unwürdig“, befand die Geistlichkeit, richtete aber wenig aus mit ihrem Tadel, auch die folgenden Jahrhunderte hindurch nicht. Viele Verbote, Einschränkungen und Strafandrohungen folgten, und doch blieb der Brauch bestehen. Nur ab dem Beginn des 20. Jahrhunderts (da hatte die Kirche eigentlich nichts mehr gegen die Chlausen) drohte er sogar in einer so traditionsverhafteten Gegend wie dem Appenzellerland zum Erliegen zu kommen. Aber mittlerweile herrscht ja allgemein wieder größtes Interesse, ja Begeisterung für Bräuche. Und so brauchen sich die Schweizer Chlausen längst keine Sorgen mehr zu machen um den Nachwuchs. Auch Kindergruppen zeigen viel Freude und schlüpfen in die charakteristischen Verkleidungen. Nur das Maskentragen, das ist allein Sache der Erwachsenen.
Frühmorgens machen sich die Chlausen-Schuppel auf den Weg. Ihr Ziel sind Bauernhöfe und Häuser der Dorfbewohner. Aber auch Besuche in Wirtsstuben und Hotels sind für manche Schuppel keineswegs tabu. Die Silvesterchlausen stehen auf der Liste des schützenswerten immateriellen Kulturguts der UNESCO, und eine solche Auszeichnung bedeutet natürlich auch: Es mangelt nicht an Zuschauerinteresse. Sprich: Das Chlausen ist auch für den Tourismus ein Thema, und zwar kein randständiges.

Aber „Schaubrauch“ im eigentlichen Sinn ist das Silvesterchlausen nicht, auch wenn es einprägsame Dinge zu schauen und auch zu hören gibt. Es geht darum, den Nachbarn, den Dorfbewohnern die Aufwartung zu machen und ein gutes neues Jahr zu wünschen.

Die Chlausen ziehen mit nicht zu überhörendem Schellenklang herbei und nehmen vor dem Haus Aufstellung im engen Kreis. Dann schweigen die Schellen, und die Chlausen beginnen zu „zauern“: ein auf Nicht-Alpenländer vielleicht ein wenig schwermütig wirkendes Jodeln. Aber dieser Art der Volksmusik eignet ja generell ein eher getragenes Tempo. Nach dem Zauern kommen wieder die Schellen zum Einsatz. Mit drehenden Bewegungen gelingt den Chlausen ein rhythmisches Geläut. Es verlangt Geschick und nicht wenig Kondition. Die Männer sind ja von den frühen Morgenstunden bis in den Abend hinein unterwegs. „Schtrech“ heißt die genau festgelegte Wegstrecke, die ein Schuppel geht.
Es gibt drei unterschiedliche Chlausen-Kostüme. Die „Schöne“ haben oft mit Perlen besetzte Gewänder. Die Kniebundhose und die weißen Stutzen sind obligatorisch, die Frauen (natürlich verkleidete Männer) tragen Röcke. Das Kostbarste sind die Kopfbedeckungen: Sie können den Durchmesser eines Sombreros haben, sind rund oder eckig, und oft flach. Was an Bastelei in diesem Kopfputz steckt, muss eine Ganzjahres-Arbeit sein: Aus kleinen Figuren sind Dorfszenen nachgestellt, andere Chlausen tragen Hausmodelle auf dem Kopf. Der Kopfputz der Frauen kann fast einen Meter hoch sein und ist noch reicher an Zierrat und Einzelheiten. Die Schö-Chläuse von Urnäsch sind vielleicht die prunkvollsten, aber jeder Schuppel hat seinen eigenen Stil.

In jedem Fall ist das Gesicht durch die Maske komplett verdeckt. Das ist auch bei den anderen beiden Typen von Silvesterchläusen so, den Wueschten und Schö-Wüeschten. Beide sind mit Naturmaterialien bekleidet, mit Tannenreisig, dürren Ästen, Moos und

dergleichen. Der Unterschied: Die Wüeschte sind hässlich und zerzaust, die Schö-Wüeschte machen das Allerbeste aus ihrem Grünzeug, sie sind die Top-Eleganten unter den wüsten Burschen. Schö-Wüeschte gibt es übrigens erst seit den 1960er Jahren.
Die Rollenaufteilung ist bei all den Gruppen dieselbe. Die beiden falschen Damen in der Runde heißen Rollewiiber und tragen viele Rollen, also kleinere Schellen. Mannevölcher, Schelli oder Schellenchlaus ist die Bezeichnung für die anderen, jene mit den beiden großen Schellen. Vorrolli und Noerolli sind der Erste und Letzte im Zug.

So ungewöhnlich und archaisch vor allem die Wüeschte auch wirken mögen: Mit mystischen, vorchristlichen Vorstellungen hat der Brauch nichts zu tun. Kulturwissenschaftler sehen in ihm eine Weiterentwicklung von französischen Scholarenbräuchen des 12. Jahrhunderts. Klosterschüler hatten einen „Narrentag“, entweder Nikolaus (6. Dezember), Silvester, Neujahr oder Dreikönig (6. Jänner). Das war nicht nur in fränkischen Klöstern so. Da hatten also ein Mal im Jahr die Jugendlichen das Sagen, sie durften einen Knabenbischof ernennen und „verkehrte Welt“ spielen. Daraus haben sich ausgelassene Umzugsbräuche entwickelt (auch das Sternsingen zu Dreikönig hat solche Wurzeln). Da also wird der Ursprung der Appenzeller Silvesterklausen vermutet.

Die Schuppel der Silvesterchlausen sind am 31. Dezember und 13. Jänner im Kanton Appenzell Innerrhoden unterwegs, vor allem in den Gemeinden Urnäsch, Schwellbrunn, Schönengrund, Herisau, Waldstatt, Hundwil, Stein, aber auch in Teufen, Bühler und Speicher.

Die Trychler: Trommeln und Schellen

Eine ganze Woche lang hat man in der Gegend um Interlaken die Trycheln im Ohr

In das laute Schellen der Appenzeller Silvesterchlausen könnte man sich in der Schweiz an anderem Ort eingewöhnen: Das charakteristische blecherne Läuten ist auf Silvester hin nämlich auch im Kanton Bern zu vernehmen, und zwar in den Gemeinden rund um Interlaken am Brienzer- und Thunersee. Dort heißt der Brauch „Trycheln". Der Name kommt vom schweizerdeutschen Ausdruck für die Weideglocke. Auch wenn es „Kuhglocke" heißt: Die Trychel ist eine aus Blech gehämmerte Schelle. Sie ist nicht gegossen wie eine Glocke. Der entscheidende Unterschied dabei ist, dass eine Glocke eine klar definierte Tonhöhe hat. Beim obertonreich-rasselnden Klang einer Schelle oder Trychel tut man sich schwer bei der exakten Tonhöhenbestimmung.

In der Gegend um Interlaken und im Haslital kennt man die „Trychelwoche", die am Christtag um Mitternacht beginnt und bis zum Silvestertag reicht, den man hier Ubersitz (Übersitz) nennt.

Kostümierung, Figuren und Verhalten bei den Umzügen der Trychler unterscheiden sich deutlich von den Chlausen in Appenzell-Innerrhoden. Bei den Trychlerzügen geben oft Trommler den Takt an. Im langsamen Gleichschritt sind die Glockenträger meist stundenlang unterwegs. Am Übersitz, dem Höhepunkt der Woche, sind Verkleidungen angesagt. Die hier so genannte Schnabelgeiss (in österreichischen Gegenden heißt das Fabeltier Habergoaß) ist ein übermütiges Wesen und will die Zuschauer erschrecken. Vom „Altjahrsesu"-Brauch in Schwarzenburg kennen wir schon die Frau mit dem Buckelkorb, die hier „Huttewybli" heißt. Tief gekrümmt ist sie unter ihrer Last, sie muss nämlich einen Mann schleppen. Auch unter den Trychlern gibt es Larven aus Naturmaterialien. Hier heißen sie Eisenbolgner, denen das Wurzelmandli vorauseilt. Die Verkleidungen sind im Gegensatz zu den Chläusen in Appenzell viel freier, es ist ein faschingsartiger Mummenschanz.

Dem Altjahrstrycheln begegnet man im Kanton Bern, und zwar in Interlaken und den umliegenden Gemeinden entlang des Brienzersees und des Thunersees, etwa in Oberries, Ringgenberg, Goldwil und Meiringen. Auch in Einsiedeln wird getrychelt, dort aber zur Faschingszeit. Überhaupt gibt es im Schweizer Jahrlauf viele Anlässe zum Trycheln.

Achetringele

Wacholderbuschen auf langen Stangen – da können sich die bösen Geister nur fürchten!

Ganz wichtig: Bevor das Achetringelen beginnt, muss es ganz still sein! Da hat jeder der „Glöckler" tunlichst drauf zu achten, dass seine Schelle nicht tönt. Also das Ding beim Hingehen am besten ausstopfen und den Klöppel mit etwas Weichem umwickeln.
Vom mittelalterlichen Schloss Laupen kommen die Achetringeler herunter, um Punkt acht geht es los. Das bernerdeutsche Wort „Achetringelen" kann man mit Hinunterläuten übersetzen. Die ersten im Zug sind der Anführer und die zwölf Besenmannen in Viererkolonnen. Sie tragen Gewänder aus Hundefellen und imponierende holzgeschnitzte Masken, die schon seit 1924 in Verwendung sind. Fünf Meter sind die Stangen lang, an deren oberem Ende immergrüner Wachholder fachgerecht zu einem Besen gebunden ist. Um die Hüften hängen einige getrocknete „Soiblatere" (Schweineblasen), die sie später noch brauchen werden. Die Schweineblasen sind in Wirklichkeit solche von Rindern, die sind nämlich größer und machen mehr her. Die Blatermandli (auch Bäsemaa) haben Strümpfe über das Gesicht gezogen. Sie schaffen durch Schwingen und Schlagen mit ihren Blasen Ordnung und Platz für den Umzug. Blatermandli dürfen neuerdings sogar Mädchen sein.
Aber die Besenmannen sind immer noch ausschließlich ältere Burschen. Das Achetringelen ist nämlich nicht nur ein Übergangsbrauch zum Jahreswechsel, sondern auch ein Ritual

für die jungen Männer an der Schwelle zum Erwachsensein. Man muss das entsprechende Alter haben und einem Verein im Ort angehören. Dann ist man dabei als Besenmann. Hinter den jungen Männern kommen die Kinder, die „Weißen“ oder „Glöckler“. Auch da dürfen Mädchen mitmachen. Weiß sind sie angezogen haben spitze hohe Hüte und sie tragen die Schellen. An fünf Plätzen machen die Achetringele Halt. Der Anführer sagt den Neujahrsspruch auf (wir haben ihn in der Einleitung zu diesem Kapitel zitiert). Das Verjagen der Geister – von ihnen ist im Spruch dezidiert die Rede – wird anschaulich gemacht, indem die Besenmänner mit ihren Wacholderstangen um sich stechen.
Nach Ende des Umzugs wird es so richtig heftig: Da nehmen die Burschen ihre Masken und ab, ziehen die Strümpfe vom Kopf, und dann geht die Hatz auf die Gleichaltrigen los, vor allem natürlich auf die Mädchen. Die knien sich hin und bekommen mit den Schweinsblasen eins drübergezogen. Am Schluss werden die Schweinsblasen zerstört – eine anschauliche Geste, dass es nun wirklich Schluss ist mit dem alten Jahr.
Bis in den Anfang des 19. Jahrhunderts lässt sich das Achetringelen zurückverfolgen. Einst hat es am Weihnachtstag stattgefunden, aber das war der Kirche gar nicht recht. So hat man es auf den Silvesterabend verlegt. Seit 1924 wird der Brauch unverändert durchgeführt.

Laupen liegt sechs Kilometer westlich von Bern. Das Achetringelen beginnt am Silvesterabend um 20 Uhr.
achetringele.jimdo.com

Einsatz der Wurstekommission

Ein Junggesellenbrauch im Westfälischen Ort Salchendorf

Sogar zu einem Denkmal haben sie es gebracht, die Salchendorfer Junggesellen. Sie vereinigten sich in der „Wurstekommission" und liefern den Bewohnern ihrer Gemeinde in einem fröhlichen Umzug am Silvester-Nachmittag einen satirisch-kritischen Jahresrückblick. Das Bronzekunstwerk zeigt zwei junge Burschen mit Zylinder. Sie schultern eine längere Stange, daran hängen Würste. Das hält man heute noch so, wobei die Sache mit den Würsten nicht mehr so wichtig, sondern historische Reminiszenz ist.

Um die Ursprünge zu verstehen, muss man das Wort „Mäckes" erklären. So bezeichnete man in der Mundart des Siegerlands einen „Habenichts", vielleicht sogar einen „arbeitsscheuen Lumpen", der sich so leidlich durchbrachte und womöglich auch vor kleinen Gaunereien nicht zurückschreckte. Manchmal machten sich die „Mäckesser" auf Heischegänge. Solche Umgänge von Menschen am unteren Rand der Gesellschaft gab es überall in Europa zu bestimmten Festen. Meist verkleideten sie sich, um anonym zu bleiben. So sammelten sie beispielsweise zu Allerheiligen im Namen verstorbener Seelen Gaben. Der Nikolaustag (6. Dezember), neben Dreikönig (6. Jänner) ein klassisches Geschenkefest, war ein ebenso willkommener Termin wie die Raunächte. Gut eingebürgerte, gesellschaftlich akzeptierte Heischebräuche schützten jene, die gerade in der Winterszeit

Dem Tebart kommen vor Neid die Tränen, bei des Gerbers pompösen Häuser Plänen
Im Tümpel auf dem wackligen Boot
gerieten sie in Seemannsnot

auf Zuwendungen angewiesen waren, vor der Schmach, betteln zu müssen. Das sind also Bräuche mit hoher Sozialkomponente.

Als einen solchen Mäckesser-Umzug muss man sich auch den Ursprung der Wurstekommission von Salchendorf vorstellen. Bis 1880 lässt er sich zurückverfolgen. Auch die Leute im Ort Salchendorf waren zuerst auf Nahrungsmittel aus. Es ging speziell um die Wurst, denn auf die Feiertage hin wurde geschlachtet und das Fleisch auch in Form von Würsten haltbar gemacht. Davon gab es also gerade zu Silvester noch einen beruhigenden Vorrat. Da konnten die Bauern schon etwas abgeben an die Bedürftigen. Diese aßen die gesammelten Würste vorzugsweise mit Erbsensuppe.

Die heutige Wurstekommission, eine Vereinigung von Junggesellen, hat etwas anderes aus dem Brauch gemacht. Freilich sind einige Herren in schwarzem Anzug und Zylinder unterwegs, und sie tragen auch Würste auf der Stange. Aber das viel Wichtigere ist ein Umzug mit selbst gebauten Holzkarren, auf denen Begebenheiten des Dorfgeschehens nachgestellt, parodiert und satirisch überhöht werden. Man gibt sogar eine Scherzzeitung heraus, das stets hochaktuelle „Salchendorfer Witz- und Intelligenzblatt". Ein „Ältestenrat" (der Junggesellen, wohlgemerkt), ist mit der Herstellung dieses ironischen Presseerzeugnisses befasst. Da kriegen jene, die es verdient haben, ihr Fett ab. Die Wurstesammler gehen von Haus zu Haus, verkaufen das „Witz- und Intelligenzblatt", sammeln Geldspenden und heimsen schon auch mal eine Wurst ein. Aus dem einstigen Heischebrauch um Nahrungsmittel ist also ein Rügebrauch geworden. Das geschah wohl Ende der 1920er Jahre. Das älteste erhalten gebliebene Zeugnis dafür datiert von 1931.

Die Umzugskarren werden gemäß der Tradition von Hand gezogen. Der Zug führt ab 14 Uhr durch fast alle Straßen des Ortes. In der Dämmerung werden die Karren verbrannt. Was im alten Jahr geschehen ist, soll vergessen und dem Feuer überantwortet sein. Die Mitglieder der Wurstekommission gehen dann noch zum Jahresschlussgottesdienst, und danach haben sie ein geselliges Beisammensein. Da sind auch die Freundinnen der jungen Herren zugelassen.
Gemäß einer alten Tradition kann in der Wurstekommission mitmachen, wer „aus der Schule entlassen ist". Die jüngsten Mitglieder sind also 15 oder 16 Jahre alt. Sie gehen am späteren Abend durchs Dorf und schreiben mit Kreide „Prosit Neujahr 20..." auf die Türschwelle. Nach Jahreswechsel ziehen alle nochmal durchs Dorf, um das neue Jahr anzusingen: „Ihr Ratten und Mäuse in diesem Haus, wir wünschen Euch … ein gesegnetes Neues Jahr."
„Am Neujahrsmorgen veranstalten wir in unserer örtlichen Kneipe einen Männerfrühschoppen", erzählt Julian Gräbener von der Wurstekommission. „Da wird aus unserem Blättchen unter großem Gelächter vorgelesen." Die sündigen Herrschaften, um die es geht, seien meist anwesend. Für die armen Leute in der Dorfgemeinschaft gibt's kostenlos Wurst mit Erbsensuppe, wie es die Tradition verlangt.

Der Umzug der Salchendorfer Wurstekommission ist am Silvesternachmittag ab 14 Uhr.
www.wk-salchendorf.de

Neujahrsbock, Pelzböcke und Strohbären

Strohverkleidungen unter verschiedensten Namen gibt es in ganz Deutschland

Der Neujahrsbock: Als Kinderschreck ist er nicht zu unterschätzen. Er geht in der Silvesternacht um und nimmt den Kindern, die über Weihnachten unartig waren, Geschenke und Spielzeug weg. Das ist freilich kein altes Märchen, denn Weihnachten war ursprünglich kein Geschenkefest. Die Gabenbringer nach christlicher Vorstellung waren der heilige Nikolaus (6. Dezember) als Patron der Kinder und die Heiligen Drei Könige, die dem Jesuskind mit Weihrauch, Myrrhe und Gold ihre Aufwartung machten.

Wenn wir dem Neujahrsbock nachspüren, wie er neuerdings wieder öfter umgeht im südlichen Niedersachsen, in den Gemeinden im nördlichen und nordwestlichen Umland von Göttingen, müssen wir uns also schon anderswo umhören. Vielleicht steckt eines der vielen Schimmelreiter-Märchen dahinter, vielleicht spielen entfernt auch Vorstellungen vom nordländischen Julbock mit. Solche Kulturwanderungen kann man ja selten konkret ergründen. Wir machen uns auf nach Uslar, in die Gemeinde Bollensen. Dort scheint der Neujahrsbock seit je her zu Hause zu sein. Der Bursche, der den Neujahrsbock gibt, wird komplett mit Haferstroh-Strängen umwickelt und er trägt eine Bocksmaske. Der Bockführer hält den Bock an einer schweren Kette. Zur Gruppe gehört ein Polizist, der die Geldspenden entgegennimmt und ein Clown, der seine Späßchen treibt. Weiters gibt es noch Wurstleute, die gespendete Würste einsammeln.

Da horchen wir auf: Das kennen wir schon von der Wurstekommission in Westfalen. Also auch hier ein aus den Heischegängen armer Leute heraus entwickelter Sozialbrauch. Auch in Bollensen ist es der Verein von Junggesellen, der den Brauch hoch hält. Aber schon vor Gründung des Junggesellen Clubs haben sechs Männer zu Silvester 1956 die schon ausgestorben gewesene Gepflogenheit wieder aufleben lassen.
Mit dem Neujahrsbock-Umgang, den die weiteren Mitglieder des Junggesellen Clubs mit ziemlichem Radau begleiten, ist in Bollensen der Neujahrstanz verknüpft. Einst mussten zu diesem Anlass die Mädchen das Tanzgeld entrichten (das einzige Mal im Jahr, wo sie zur Kasse gebeten wurden). Heutzutage ist aber Emanzipation eingekehrt und alle zahlen Eintritt. Während des Neujahrstanzes erscheinen verkleidete und maskierte Gestalten auf der Tanzfläche. „Rasierertruppe" heißen sie: Der Polizist und der Clown vom Umzug sind dabei, außerdem zwei Rasierer, zwei Feger und das Fegemädchen. Von ihnen werden die Konfirmanden des letzten Jahres mit einer symbolischen Rasur des ersten Bartwuchses in die Reihen der Junggesellen aufgenommen. Zuletzt wird dem Clown zur Strafe seiner Streiche das Hinterteil symbolisch rasiert.
Man ist schon ziemlich nahe an der Grenze zu Polen, wenn man dem Pelzbock begegnet. Genauer gesagt: Man begegnet ihm eher nicht, weil selten nur mehr wird er dort in Ketten durchs Dorf getrieben. In Kleptow (Uckermark, Mark Brandenburg) sind vierzehn junge Männer unterwegs am Silvestertag. Seine Begleiter heißen Klapperstorch, Teutschgeiger, Schimmelrieder, Schornsteinfeger, Musikant, Zickenbock, Stutenfru und Pietschenknaller. Der Name „Pelzbock" hat nichts zu tun mit seinem Gewand, er ähnelt in seinem

Strohkostüm dem niedersächsischen Neujahrsbock oder den hessisch/schwäbischen Strohbären. „Pelz“ war damals eine Bezeichnung für einen großen Pfannkuchen, der in Butter, Schmalz oder (bei ärmeren Leuten) in Leinöl herausgebacken wurde. Auch die Pelzbock-Gruppen sammelten ursprünglich also Nahrungsmittel, und in Klebow hält man es immer noch so. Der Brauch wurde dort vor dreißig Jahren wiederbelebt. In der Zwischenkriegszeit war er in der Uckermark so gut wie ausgestorben.

„Strohbären“ kennt man in weiten Teilen Deutschlands unter verschiedenen Namen: Strohbutz, Hisgier, Kloas, Pelzmärtle oder Kirmesbär sind einige Namen für ähnliche Verkleidungen. Sehr viele von ihnen von ihnen haben ihren Platz im Karneval gefunden. Auffallend ist, dass es keine Unterschiede macht, ob die jeweiligen Gegenden katholisch oder protestantisch geprägt sind. Strohbären gibt es überall, auch in Österreich, wo sie eher in Perchtenbräuchen, aber auch in Nikolausumzügen zu finden sind (etwa die Schab in Bad Mitterndorf/Steiermark).

In Uckersdorf (Stadt Herborn/Hessen) haben wir ein Beispiel für einen Strohbären, der in den frühen Morgenstunden des Neujahrstages herumgetrieben wird. Es „danzt d'rr Bäär“, sagen die Leute. Man besänftigt ihn und seine Begleiter auch dort mit Naturalien, mit Eiern, Wurst und Speck oder mit Trinkbarem.

Der Neujahrsbock geht heutzutage wieder vermehrt um in den Gemeinden im nördlichen und nordwestlichen Umland von Göttingen, etwa in den Dörfern Sohlingen, Allershausen und Bollensen (Uslar), Trögen und Üssinghausen (Hardegsen). Kleptow ist in der Mark Brandenburg, gut 30 km westlich von Stettin. Uckersdorf ist Teil der Stadt Herborn in Hessen.

Der große Sterngang

In Oberammergau wartet man nicht auf Dreikönig, um einem Stern zu folgen

Die erste urkundliche Erwähnung dieses Brauches dürfte ein Eintrag im sogenannten Saalbuch des Klosters Ettal sein: Demnach wurden in den Jahren zwischen 1771 und 1789 jeweils in der Silvesternacht vom Pfarrer an die „Sternbuben" 24 Kreuzer ausbezahlt. In einer Chronik von 1859 heißt es: „Für die Erwachsenen ist das Sternsingen in der Neujahrsnacht gedacht. Wobei der Weihnachtsstern unter Absingen von Neujahrsliedern von einer Schar junger Leute herumgetragen wird." Der Sterngang, wie er in Oberammergau jedes Jahr stattfindet und nicht nur Einheimische, sondern auch Touristen sonder Zahl anlockt, hat also nichts mit den Heiligen Drei Königen zu tun.

Der „Große Stern" besteht aus zwei Teilen. Der achtzackige Sternenkranz ist beweglich. Wenn die Blaskapelle zum Tusch ansetzt und alle Anwesenden gemeinsam „A guat's nei's Johr!" rufen, fängt er an, sich ganz schnell zu drehen. Im Zentrum des Sterns ist ein Bildnis vom Jesuskind. Der Stern leuchtet von innen heraus. Deshalb sind beim Umzug zwei Leute für das Sternleuchten zuständig: Einer trägt an einer langen Stange den Stern, und der zweite schleppt die Batterie, die den Strom liefert.
Bevor man um 19 Uhr zum „Großen Sterngang" aufbricht, werden Lampions an die Gäste verteilt. Ein Männerchor, ein Bläserensemble und eine Blaskapelle marschieren vorne in

Stern-Nähe mit. An jedem Haltepunkt des Umzugs werden Adventlieder gesungen, die zum Großteil für diesen Anlass geschrieben worden sind. Zum Beispiel vom Komponisten der Musik für die Oberammergauer Passionsspiele, Rochus Dedler (1779–1822).

An jeder Station rufen die Leute ganz laut den Neujahrswunsch, nur beim Kriegerdenkmal entfällt er. Da spielt man „Ich hatt' einen Kameraden" und es wird geböllert. Am Ende des Umzugs, nach dem letzten Ruf „A guat's nei's Johr!", ertönt als gemeinsames Lied „Lobe den Herrn".

Der „Große Sterngang" in Oberammergau beginnt am Silvestertag um 19 Uhr,
für Kinder gibt es eigens einen „Kleinen Sterngang".
www.ammergauer-alpen.de

Im Guinness-Buch der Rekorde

The same procedure as every year? Ja, im deutschen, österreichischen und Schweizer Fernsehen

Für diejenigen, die den Sketch zwar jedes Jahr wieder sehen, aber trotzdem noch nicht mitgezählt haben: Elfmal stolpert James über den Kopf des Tigerfells. Einmal umgeht er ihn elegant, ein weiteres Mal nimmt er die Hürde beidbeinig. Viermal schenkt James auf Aufforderung von Miss Sophie der ganzen Runde ein: Sherry, Weißwein, Champagner und Portwein. Sir Toby urgiert immer noch ein paar Tropfen mehr.

„The same procedure as last year, Miss Sophie?" Das ist nur mehr eine rhetorische Frage: 1961 ist „Dinner for One" erstmals im deutschen Fernsehen ausgestrahlt worden (damals ein Live-Beitrag in einer Show, und nicht zu Silvester). Für 1963 hat der NDR dann die Filmproduktion veranlasst. Dass dieser 18-Minuten-Film mit der charmanten Schwarzweiß-Patina „very british", aber doch eine deutsche Produktion ist (Regie: Heinz Dunkhase), ist vermutlich den wenigsten Fernsehzuschauern bewusst. Der Komiker Freddie Frinton (1909–1968), der im Krieg als Truppenunterhalter in Deutschland war und das Land seither aus ganzem Herzen nicht mochte, hat sich damals letztlich doch breitklopfen lassen. In der Gruppe der imaginären Feiernden ist Admiral von Schneider eine krasse Parodie. Dessen Hacken-Zusammenschlagen war dem englischen Schauspieler Freddie

Frinton ein Herzensanliegen. Aber auch Sir Toby, Mr. Pommeroy und Mr. Winterbottom haben ihre liebenswerten Schrullen.

Freddie Frinton ist mit dem Sketch von Lauri Wylie (1880–1951) ab Kriegsende aufgetreten, aber da gibt es einander widersprechende Aussagen. Wylie war Schöpfer von Operetten und Revuen, „Dinner for One" war Teil einer solchen. Auch die Autorenrechte sind umstritten – jedenfalls hatte Lauri Wylie selbst gar nichts mehr von dem Erfolg, er starb 1951 verarmt in einem Wohnmobil, das ihm als Behausung diente. Der Schauspieler Freddie Frinton hat sich auch nur kurz über die Tantiemen freuen können.

Mehr als bemerkenswert ist die mediale Geschichte dieses Sketches: Er war schon ein Selbstläufer im Fernsehen, bevor er 1972 ins Silvesterprogramm der ARD-Programme, bald auch in jenes des ORF und des Schweizer Fernsehens gelangte. In allen drei Ländern gehört „Dinner for One" zum eisernen Bestand an diesem Termin. 1988 landete „Dinner for One" schließlich im Guinness-Buch der Rekorde als „weltweit am häufigsten wiederholte Fernsehproduktion". Es hat also neben dem Neujahrskonzert, das als Klassik-Produktion alle Konkurrenz weit abgehängt hat, ein zweiter Fernsehevent mehr als Kultstatus erlangt. „Dinner for One" hat Brauch-Status.

Zwischen den heiligen Bergfeuern

Ein beeindruckender katholischer Lichterbrauch in Franken

Es müssen nicht bengalische Feuer oder Silvesterraketen sein. In Waischenfeld und Nankendorf in der Fränkischen Schweiz fallen Silvester und die seit Jahrhunderten in dieser Gegend geübte „Ewige Anbetung“ auf denselben Tag. Auch an anderen Orten in dieser Region haben sich aus dieser religiösen Übung Prozessionen und eindrucksvolle Lichterbräuche entwickelt.

„Ewige Anbetung“: Eine solche verordnete Fürstbischof von Seinsheim als wichtige Neuerung in seiner Amtszeit (1757–1779) für das Bistum Bamberg. Es sollte immer irgendwo gebetet werden in der Diözese, die Kette der Gebete also nicht abreißen. Das hat sich gehalten über die Jahrhunderte, und seit 1927 finden, eben am Silvesterabend, in Nankendorf Lichterprozessionen statt, die auch hier mit beeindruckenden Bergfeuern verbunden sind. Die Ewige Anbetung beginnt mit einem Aussetzungsamt um 9:30 Uhr in der Pfarre Waischenfeld. Aussetzung: Das heißt, die Monstranz mit einer geweihten Hostie wird aufgestellt, so dass in den kommenden sieben Stunden ohne Unterbrechung Menschen zum Gebet sich vor ihr versammeln können. Das geht so bis zur Jahresschlussandacht, die um 16:30 Uhr beginnt. Danach findet die große Prozession statt. Der Pfarrer trägt das Allerheiligste unter dem Baldachin. Gut tausend Gläubige begleiten ihn. Die örtlichen Vereine sind mit Fahnenabordnungen dabei.

Zur Prozession werden entlang der Straßen zwischen Waischenfeld und Nankendorf, auch auf Wiesen und den umliegenden Berghängen, tausende Lichter entzündet. Das ganze Jahr über sammelt man Wachsreste, um dann tatsächlich dreitausend Wachslichter parat zu haben. Dafür braucht es Unmengen Kerzenwachs – von zwanzig Zentnern und vierzig großen Säcken ist die Rede. Von der Dorfjugend bis zur Feuerwehr engagieren sich viele Menschen beim Herstellen dieser Kerzenmassen. Blechbüchsen und Fassungen alter Friedhofslichter werden weiterverwendet, aus alten Teppichen und Putzlappen schneidet man die Dochte.

Die Berge rund ums Dorf sind schließlich übersät mit Lichtern. Man bildet Kreuze, Christus-Embleme (etwa die Buchstaben IHS), Silhouetten von Engeln oder Rosenkränze. Gerade wenn Schnee liegt, tun diese Bergfeuer ihre Wirkung. Es fehlt weder an Prozessionsteilnehmern noch an Touristen.

Die Tradition, den Leib Christi in Gestalt der Hostie zu verehren, entstand schon im 10. Jahrhundert in Klöstern. Nach der Gegenreformation hat man das wieder sehr gefördert – die geweihte Hostie ist ja das Alleinstellungsmerkmal der katholischen Kirche gegenüber den Protestanten.

Die Orte Waischenfeld und Nankendorf, wo diese Lichterprozession am Silvesterabend stattfindet, sind im oberfränkischen Landkreis Bayreuth. Weitere Orte mit Ewiger Anbetung und Lichterprozessionen in der Fränkischen Schweiz: Wichsenstein (7. 12.), Oberailsfeld (20.12.), Gößweinstein (26.12), Obertrubach (3.1.) und Pottenstein (6.1.)

SCHLAG MITTERNACHT

Das alte Jahr vergangen ist,
das neue Jahr beginnt.
Wir danken Gott zu dieser Frist.
Wohl uns, dass wir noch sind!

Wir sehn aufs alte Jahr zurück
und haben neuen Mut:
Ein neues Jahr, ein neues Glück.
Die Zeit ist immer gut.

Ein neues Jahr, ein neues Glück.
Wir ziehen froh hinein.
Und: Vorwärts, vorwärts, nie zurück!
soll unsre Losung sein.

Mit so viel Überschwang hat Heinrich Hoffmann von Fallersleben (1798–1874) seinen Optimismus in Verse gegossen. Da heißt es also: Fenster weit aufreißen und das neue Jahr hereinlassen mit all seinen guten Versprechungen. So haben es früher jedenfalls viele Leute gehalten. Aber die meisten Menschen hält es zu dem Zeitpunkt ohnedies nicht in der warmen Stube. Den ganzen Abend hindurch hat man es ja schon rundum krachen hören! Das Warten und das Sich-Gedulden bis zum exakt richtigen Zeitpunkt – das ist, wie man in den letzten Jahren zunehmend bemerkt, nicht die Stärke des modernen Menschen. Lagen die Kugeln für den Christbaum und andere weihnachtliche Utensilien nicht auch schon seit Mitte Oktober in den Regalen der Supermärkte?

Jetzt aber, zu Mitternacht, lockt endgültig der Widerschein der Feuerwerke ins Freie. Viele haben ja auch selbst einen beruhigenden pyrotechnischen Vorrat angelegt und wollen die Raketen nun in die Luft jagen. Warum eigentlich? Es heißt, es gehe bei solchen Lärmbräuchen ums Verjagen böser Geister. Gerade dem modernen Menschen wollen wir das nicht abnehmen. Für ihn gilt wohl, was die Grazer Volkskundlerin Eva Kreissl einmal in einem Zeitschriftenaufsatz beschrieben hat: Eine Übergangszeit wie der Jahreswechsel erfordere „spezielle Riten, die in unseren Augen etwas Mystisches, Unheimliches haben, doch von denen wir nicht wissen, wie mystisch und unheimlich sie einst wirklich empfunden“ worden seien. Eva Kreissl spricht von „sehnsuchtsvollen Projektionen“, mit denen überkommene Bräuche mit dem „Nimbus des Archaischen und Schicksalhaften befrachtet“ worden seien. „Was Generationen von Volkskundlern vielleicht gar nicht nachvollziehen konnten, ist das Spielerische und Absichtslose, das Bräuche haben können, wenn sie nicht inszeniert werden, sondern sich entwickeln dürfen.“

Damit ist gemeint: Bräuche holt man nicht für einen Abend quasi aus der Museumsvitrine. Sie müssen leben und anschaulich sein für jene, die sie ausüben. Sie sollten in irgendeiner Form Gemeinschaft stiften – und sie müssen einfach Spaß machen. In diesem Sinn: Frohes Knallen!

Pummerin und Dicker Pitter

Selbst der ORF hängt das neue Jahr an die große Glocke

„Königin von Österreich“ steht auf Österreichs größter und mit über 21 Tonnen auch schwerster Glocke. Damit ist aber nicht die Pummerin im Wiener Stephansdom selbst gemeint, sondern die Gottesmutter Maria, der sie geweiht ist. Die Pummerin ist zu Silvester ein Radio- und Fernsehstar. Ihr Mitternachtsläuten wird seit 1957 in Hörfunk und im Fernsehen übertragen, und dann folgt der Donauwalzer zum Mittanzen. Österreichischer kann man nicht einsteigen ins neue Jahr!

Weil die Pummerin und ihr Läuten medial so prominent platziert sind, wollen wir ein wenig erzählen von ihr. Es ist geschichtsträchtiges Metall, das da verarbeitet ist. Die erste Pummerin, jene von 1711, wurde aus rund zweihundert Kanonen gegossen, die bei der Zweiten Wiener Türkenbelagerung (1683) zurückgelassen worden waren. Dieser Glockenguss für die Wiener Kathedralkirche war also auch ein symbolischer Akt gegen den muslimischen Erzfeind. Ab 1878 hat die alte Pummerin schon nicht geläutet, Risse im Turmgemäuer legten nahe, die Riesenmasse nicht zum Schwingen zu bringen. Den Zweiten Weltkrieg hat diese Glocke dann doch nicht überdauert. Im April 1945, beim Brand des Stephansdomes, ist sie abgestürzt und zersprungen.

Das Material der alten Glocke hat man aber auch in die neue Schmelzmasse eingebracht, aus der die jetzige Pummerin 1951 in St. Florian gegossen wurde. Die neue Glocke war ein Geschenk des Landes Oberösterreich, ihr Transport nach Wien ein medial zelebrierter Triumphzug. Es hat dann aber noch eine Weile gedauert, bis der Dom so weit restauriert war, dass man sie hinaufziehen konnte in den Nordturm. Am 27. April 1952 ließ die Pummerin erstmals ihr sonores Kleines C hören. Da hing sie in einem provisorischen Holzgerüst, das neben dem Nordturm aufgestellt war. Erst 1957 wurde sie emporgehievt an ihren Platz.

Die Pummerin ist die zweitgrößte frei schwingende Kirchenglocke der Welt. Die allergrößte heißt offiziell „St. Petersglocke", aber die Kölner sagen „Dicker Pitter" oder, im Kölscher Dialekt, „Decke Pitter". Der dicke Peter hängt im Dom. Im Durchmesser schlägt diese Glocke die Wiener Pummerin um knappe acht Zentimeter (314 gegen 322 cm). Aber das Gewicht! Der Dicke Pitter wiegt 24 Tonnen.
Von der Titanic her wissen wir, dass auch eherne Dinge nicht grenzenlos groß sein sollten. Beim Dicken Pitter gab es am Dreikönigstag 2011 einen dramatischen Zwischenfall: Da riss die Aufhängung des Klöppels und dieser fuhr mächtig ein in den Boden des Glockenstuhls. Im Kölner Dom sind ein paar Seismographen für die Messung allfälliger Erdbeben aufgestellt. Sie registrierten damals ein solches, quasi im eigenen Haus erzeugtes.
Der Pummerin in Wien sollte so etwas nicht passieren, denn bei ihr hat man 2011 im Zuge einer Glockenrestaurierung den Klöppel durch einen leichteren ersetzt. Er schont die Glocke, obwohl auch er satte 613 Kilogramm wiegt. Der ORF hat damals das Geläute der Pummerin für seine Silvester-Ausstrahlung neu aufgenommen. Zwei elf PS starke

Motoren treiben die Glocke an, die 34 mal pro Minute schwingt. Der Nachhall: 200 Sekunden, also über drei Minuten!

Von dem bekommen die Menschen, die sich zur Mitternachtsstunde live auf dem Stephansplatz drängen, gar nicht so viel mit. Denn da ist ja in Wien der „Silvesterpfad" auf dem Höhepunkt der Betriebsamkeit angelangt. Geschätzte 600 000 Besucherinnen und Besucher waren zuletzt zu dem Anlass in der Stadt unterwegs, in früheren Jahren waren es auch schon 800 000. Auf elf Open-Air-Bühnen gab es ein 12-Stunden-Programm. Der Silvesterpfad wurde 1990/91 erstmals ausgerichtet, um die Menschenmassen ein wenig zu lenken. Dass solche Feste zunehmend vom privaten Kreis in den öffentlichen Raum verlagert werden – diese Tendenz hat sich damals schon sehr deutlich abgezeichnet. Es muss ja nicht gerade die Dimension von Berlin sein, wo sich in der Silvesternacht eine Million Menschen und mehr in Richtung Brandenburger Tor in Bewegung setzt. Längst haben die Kommunen erkannt, dass Investitionen in (im Regelfall frei zugängliche) urbane Events viel Geld zurück fließen lassen. Jeder investierte Euro vermehrt sich da also infolge höheren Konsums der Menschenmassen und höherer Steuereinnahmen auf geradezu wundersame Weise. Für den Städtetourismus sind die Tage um Neujahr sowieso High Noon.

Die Sektkorken knallen lassen

Die Korken dürfen erst mit den Mitternachts-Glockenschlägen knallen

Was für Spaßverderber! „Das perfekte Öffnen der Flasche sollte entgegen dem weit verbreiteten ‚Korkenknallen' beinahe lautlos sein. Schließlich erfolgt durch Riechen am Korken noch eine Qualitätskontrolle vor dem Probeschluck." Diesen Hinweis der Connaisseurs haben wir auf der Website des Österreichischen Sektkomitees entdeckt.

Also nichts mit „Sektkorken knallen lassen"? Vielleicht wäre die Alternative: „Eine Sektflasche köpfen." Auch so ein Spruch. „Sabrieren" ist der Fachausdruck dafür. Das Wort kommt aus dem Französischen und leitet sich von „sabre" ab, dem Säbel. Aber wer hat schon einen Sektsäbel parat? Und wer kann damit umgehen? Die Theorie geht so: Man lässt den Sektsäbel (ein gut halbmeterlanges Ding, bei dem es nicht auf den Schliff, sondern mehr auf die Masse ankommt) beherzt an der Schräge der Flasche Richtung Korkenwulst entlang gleiten. Die eingeplante Sollbruchstelle ist knapp unter dem Wulst. Das Aufdröseln des Drahtschutzes erspart man sich auch beim Köpfen nicht. Angesichts der sechs Bar Druck in der Sektflasche und dem Schaumschwall, der beim Sabrieren unweigerlich heraus schwappt, sollten Glassplitter kein Thema sein. Vorsicht jedenfalls ist am Platz, wenn Kork und das oberste Flaschenstück durch die Luft sausen. Beim Sektkomitee betont man, dass das Sabrieren nur aussichtsreich sei, wenn der Sekt darin nach der

Schlumberger®

traditionellen Champagner-Methode hergestellt wurde und die Flasche gut gekühlt ist. Napoleons Offiziere sollen das Sabrieren erfunden haben, wenn's wahr ist.
Sekt ist das Getränk schlechthin, mit dem man aufs neue Jahr anstößt. Der Brauch will es, dass man die Flasche wirklich exakt zur Mitternachtsstunde öffnet.
Gar nicht leicht, den Sektkonsum in Zahlen zu fassen. Die aktuellen Verkaufszahlen in Österreich: 20 Millionen Flaschen à 0,75 Liter (also 15 Millionen Liter) seien getrunken worden. In Deutschland liegt der Wert angeblich aktuell bei 333 Millionen Litern Schaumwein. Man kann aber auch deutlich höhere Zahlen finden. Angesichts der gegenüber Österreich ungefähr zehnfachen Einwohnerzahl wäre der Sektkonsum in Deutschland also um das mindestens Doppelte höher? Glaube keiner Statistik, die du nicht selbst gefälscht hast, sagt der Volksmund.
Für den Sekt-Durst in Deutschland spricht aber, dass das Land nicht nur der weltweit größte Sektproduzent ist, sondern die durstigen Kehlen in diesem einen Land knapp ein Viertel des auf der ganzen Welt produzierten Sekts hinunterspülen. Um die vier Liter Schaumwein bewegt sich der Jahres-Pro-Kopf-Konsum in Deutschland heißt es. Da scheinen bei knapp über 80 Millionen Einwohnern auch Säuglinge, Kinder und Muslime mitgerechnet zu sein. 47 Flöten Sekt pro Jahr für Menschen, die altersmäßig schon Alkohol trinken dürfen: Das klingt plausibel. Aber lassen wir besser von den Zahlen, bevor es peinlich wird …
Doch, etwas noch: Deutsche Sekthersteller machen angeblich 18 Prozent des Geschäftes zum Jahreswechsel. Das „Österreichische Sektkomitee", der Interessensverband der

heimischen Sekterzeuger, spricht von 12 Prozent. Geht man von ungefähr gleichen Trinkmengen aus, dann finden die Menschen also fünf bis sieben weitere Anlässe im Jahr, die sie mit Schaumwein veredeln. So exklusiv ist der Sekt zu Silvester also gar nicht.

Warum der Sekt Kultstatus bekommen hat als mitternächtliches Getränk, hat noch niemand wirklich glaubhaft erklären können. Im 19. Jahrhundert war es jedenfalls in sozial besser gestellten Schichten schon üblich, das neue Jahr mit Schaumwein zu begießen. Jetzt bewegt sich der Durchschnittsladenpreis um die 3,75 Euro. Die soziale Komponente dürfte also keine Rolle mehr spielen.
Beim Österreichischen Sektkomitee weiß man natürlich, wie man das Getränk schnell in die richtige Temperatur – 6 bis 8 Grad – bringt: Verdunstungskälte ist das Zauberwort. Einfach Salz, Eis und Wasser in einem Sektkübel mischen und die Flasche hineinstellen. Und das Geheimnis der Sektflöte? Ein Moussierpunkt am Boden des Glases sorge für das Aufsteigen der Perlen und das elegante Perlenspiel, erklären die Fachleute. Die Sektproduzenten weisen aber auch darauf hin, dass ein Trend zur Verwendung von bauchigeren Weißweingläsern gehe. Erst darin komme das Bouquet des Sekts richtig zur Geltung.

Vom Zuprosten, Anstoßen und Auf-Holz-Klopfen

Kleine Alltagsgesten und sehr verschiedene Theorien, was sie wohl bedeuten mögen

„Pro sit“ – es gehe Dir gut! „Prodesse“ ist die Grundform des lateinischen Vokabels. Es deckt das Bedeutungsumfeld von „wohlergehen“, „nützen“ bis „zuträglich sein“ ab. Das „Zuprosten“ als Begriff kommt aus der Studentensprache und wird zu Beginn des 18. Jahrhunderts greifbar. Warum aber lassen wir die Gläser dabei klingen, warum stoßen wir an auf Wohlergehen und Gesundheit?

Das Gläserklirren zum Geistervertreiben: Solche Deutungen können logischerweise nur Mutmaßungen sein. Vor Dämonen, die sich so leicht abschrecken lassen, brauchten wir wohl keine große Angst zu haben. Querfeldein gehen die Theorien. Eine Vermutung ist, dass man früher die irdenen Gemäße mit großem Schwung gegeneinander geführt habe. Dabei sei jeweils etwas von der Flüssigkeit aus dem eigenen Glas hinübergeschwappt ins andere. Das sei eine gute Kontrolle für beide Seiten gewesen, dass das jeweilige Gegenüber keine unlauteren Absichten im Schilde führte und Gift in den Krug oder den Becher gegeben hätte. Der Gastgeber hätte sich selbst akut in Gefahr gebracht.

In ähnliche Richtung argumentieren jene, die daran erinnern, dass die Mächtigen einst Vorkoster beschäftigten, um Giftattentate auszuschließen. Nach bestandenem Unbedenklichkeitstest habe die Tafelmusik eingesetzt und dann erst sei gegessen und getrunken worden. Das Klirren der Gläser ist nach dieser Lesart so etwas wie der Ersatz für die akustische Untermalung.

Wer es handfester erklärt haben will, der könnte sich in die klösterliche Trinkkultur des Mittelalters zurückversetzen. Bier war das Standardgetränk. Mit einem kräftigen Zuprosten und dem festen Abstellen des Maßkrugs auf dem Tisch hat man Kohlensäure freigesetzt und somit dem Bierschaum nachgeholfen. In Bayern ist es nach wie vor Brauch, nach dem Zuprosten den Krug erst wieder hinzustellen. Das wird auch so erklärt, dass es sich bei klösterlichen Mahlzeiten einst gehörte, den Abt als ersten trinken zu lassen. Das Abstellen der Humpen habe ihm einen entsprechenden Vorsprung gesichert.

Wenn wir schon bei den Alltagsgesten sind: Wie ist das mit dem Auf-Holz-Klopfen? Auch da scheiden sich beim Erklären die Esoteriker von den Realisten. Erstere argumentieren so: Wenn Leute einst sagten, dass es ihnen gut gehe, dann fürchteten sie, verborgen herumschwirrende Dämonen eifersüchtig zu machen. Also schnell auf ein Ding aus Holz geklopft und die positive Aussage mit Geräusch übertönt – dann bekommen's die missgünstigen Kerle nicht mit, dass hier glückliche Menschen zuhause sind! Christliche Deuter erinnern an Jesu Kreuzesholz. Damit ist alles Heidnische rauserklärt aus dem Auf-Holz-Klopfen.

Tatsächlich dürfte der Brauch aus dem Bergmannswesen kommen. Das Holz, das die Stollen stützt, sollte nicht morsch sein. Durch Draufklopfen hat man dessen Zustand geprüft. Klang es hell, dann war es tragkräftig. Durchnässtes, morsches Holz hört sich dumpf an. Auch von den Seeleuten sagt man, dass sie es mit den Segelmasten so getan

hätten. Heuerte ein Matrose an, so habe er das Recht gehabt, sich durch Holzklopfen von der Seetauglichkeit des Schiffs zu überzeugen. In beiden Fällen jedenfalls eine probate Methode, dem Überlebens-Glück nach zu helfen.

Und noch was zum Thema Glück. Scherben bringen dem Volksmund nach ein solches. Was für ein grandioser sprachlicher Irrtum! Unter dem Wort „Scherben" hat man früher ein irdenes Vorratsgefäß verstanden. Das österreichische Dialektwort „Nachtscherben" (Nachttopf, Pisspott) schreibt die Ursprungsbedeutung auf anschauliche Weise fort. Hatte nun jemand volle Scherben, also gut gefüllte Vorratstöpfe in der Speisekammer stehen, dann zählte er zu den Glücklichen. Deswegen und nicht zum Trost nach Glasbruch kam der Spruch auf: Scherben bringen Glück.

Wir sagen fürs neue Jahr jedenfalls: Toi, toi, toi! Ziemlich prosaisch wird dieser Ausdruck erklärt. Nicht nur drei Mal auf Holz habe man geklopft, wenn man vom Glück sprach, sondern auch ausgespuckt. Als das im 19. Jahrhundert als unschicklich empfunden wurde, ist man auf „Toi, toi, toi!" ausgewichen. Nicht nur jungen Schauspielern wird eingebläut: „Danke" sagt man nicht drauf, höchstens: „Es wird schon schiefgehen!"

Und um nochmal aufs Einander-Zuprosten zurück zu kommen: Das Gehört-Sich ist ziemlich ungeklärt. Nur mit Wein oder Sekt dürfe man anstoßen, sagen die Überkultivierten. Da werden nicht nur bayerische Biertrinker fassungslos den Kopf schütteln. Sekt-Kenner wiederum fürchten beim Anstoßen um die Kohlensäure im Glas und dozieren: Bloß nicht! Die allgemeine Gepflogenheit zu Silvester straft sie Lügen. Also: Prost oder Prosit, zum Wohlsein oder Gesundheit – und das möglichst „situationselastisch".

Der Urknall

Mit den Raketen verjagt man, so heißt's, böse Geister – – und zaubert den Feinstaub herbei

Rund 10 000 Tonnen Feuerwerk werden in Deutschland in der Silvesternacht gezündet. 133 Millionen Euro gaben die Deutschen laut „statista“ in den Jahren 2015 und 2016 aus – ein Höchstwert. „Wer vernimmt da noch das evangelische Hilfswerk Brot für die Welt, das unter dem Motto ‚Brot statt Böller‘ seit mehr als dreißig Jahren bittet, das Geld doch lieber an Bedürftige zu spenden?“ Diese Frage hat die „Süddeutsche Zeitung“ ihren Lesern zum Jahreswechsel 2015/16 mit auf den Weg gegeben.
Silvesterfeuerwerke sind zwar beliebt wie eh und je, in letzter Zeit aber ziemlich übel beleumundet. Vernahm man früher eher nur Einwände seitens der Tierfreunde ob des mitternächtlichen akustischen Pegels, so sind die Gegner der Pyrotechnik-Anhänger zuletzt mit scharfem Geschütz aufgefahren. „Am ersten Tag des neuen Jahres ist die Luftbelastung mit gesundheitsgefährdendem Feinstaub vielerorts so hoch wie sonst im ganzen Jahr nicht“, warnte das Umweltbundesamt in Deutschland. „PM10-Stundenwerte über tausend Mikrogramm pro Kubikmeter sind in der ersten Stunde des neuen Jahres in Großstädten keine Ausnahme.“ Unter PM10 sind Staubteilchen mit einem Durchmesser unter 10 µm gemeint. Feuerwerksqualm ist also wirklich Feinstaub pur. Während die Feinstaubkonzentration durch Dieselmotoren an stark befahrenen Straßen bei rund

siebzig Mikrogramm pro Kubikmeter liegt, werden zu Silvester Höchstwerte von bis zu dreitausend erreicht. Viertausend Tonnen Kracher-Feinstaub rechnet das Umweltbundesamt für eine Silvesternacht vor, das seien 15 Prozent der jährlich vom Straßenverkehr im ganzen Land produzierten Menge. 54 Tage Autofahren für eine Silvesternacht. Das gibt schon zu denken.
Vielleicht wirkt in diesem von Rauchschwaden getrübten Licht ein Gag für den „Wiener Silvesterpfad" 2015/16 gar nicht mehr so absurd: Angesagt war ein Weltrekordversuch in Form eines „digitalen Handyfeuerwerks". Es wurde eine App fürs Smartphone bereitgestellt, auf dem Display erschien um Mitternacht ein Feuerwerk. Um den Weltrekord zu dokumentieren, mussten die Teilnehmer ihre Handys zum Jahreswechsel am Rathausplatz in die Höhe strecken … Nein, keine Häme: All diejenigen, die sich wirklich Schlag Mitternacht mit ihrer Handy-App gespielt haben, zeigten wenigstens ökologisches Bewusstsein. In Graz, der zweitgrößten Stadt Österreichs, verzichtete man ob der Umweltbelastung zuletzt auf das „offizielle" große Feuerwerk auf dem Schlossberg. In Salzburg gab es zwar das traditionelle Feuerwerk auf der Festung und natürlich private Raketenschießer in Menge. Weil Wochen zuvor extrem trockenes Wetter herrschte, bekamen es die Stadtväter indes mit der Angst zu tun und ließen Wasser auf die Bäume der Stadtberge spritzen, um einem Waldbrand vorzubeugen.
In vielen Fachwerkstädten Niedersachsens ist Feuerwerk tabu – eben auch wegen der Feuergefahr. In Osterode hatte in einer Silvesternacht einst eine Rakete einen Großbrand ausgelöst. Daraufhin hatte die Stadt 1999 als eine der ersten in Niedersachsen das

Feuerwerk untersagt. Immer mehr Städte erlassen Feuerwerksverbote für die Innenstädte. Ein uralter Lärmbrauch, der wegen Übermäßigkeit pervertiert ist? Tatsächlich war das Lärmen in der Silvesternacht immer Brauch. Ob aus purer Lebensfreude oder tatsächlich mit dem angeblich aus vorchristlichen Vorstellungen übernommenem Gedanken, Geister und böse Mächte zu vertreiben – wer wollte das sagen? Man rumorte mit allem, was zur Verfügung stand. „Pottensmieterinn" – Topfschmeisserabend – nannte man auf Helgoland den Silvesterabend, womit der Rumor im Haus hinlänglich beschrieben ist.
Vom Schweizer „Sylveschter Trösche" haben wir schon gehört. Dass Bauern die Dreschflegel schwangen, war auch anderswo nicht ungewöhnlich. Auch das Peitschenknallen ist vielerorts dokumentiert (auf die Aperschnalzer im Grenzraum von Salzburg und Südostbayern werden wir noch zurückkommen). Aus Westfalen ist überliefert, dass ein ganzer Berufszweig sich in den Dienst der Lärmerzeugung zum Jahreswechsel stellte: Da gab es den Brauch des „Neujahrshämmerns", den sich die Schmiede angelegen sein ließen. Der Meister und seine Gesellen versammelten sich zu Mitternacht um einen großen Amboss, um das alte Jahr im wahrsten Sinne des Wortes mit Schlägen „auszuhämmern".
Die österreichische Wirtschaftskammer meldete auf Silvester 2017 hin, dass sich Batteriefeuerwerke (auch „Schusskisten") mit einem Anteil von rund 40 Prozent steigender Beliebtheit erfreuten. „Neuerdings gibt es auch so genannte Verbundfeuerwerke, diese bestehen aus mehreren Batterien, die herstellerseitig schon miteinander verbunden sind und somit ein ganzes Feuerwerk abbrennen. Dabei reiht sich ein Effekt an den nächsten, inklusive großem Finale." So die Wirtschaftskammer, die von 10 000 Verkaufsstellen

zwischen Weihnachten und Silvester und mehr als zehn Millionen Euro Umsatz mit Feuerwerkskörpern spricht. Das Geschäft rund um Silvester macht rund 80 Prozent des Jahresumsatzes in Österreich aus. Am meisten nachgefragt würden in Österreich nach wie vor Raketen, sie dominieren auch die Verkaufscharts mit einem Markanteil von rund 50 Prozent.

Als „Erfinder" des Feuerwerks gelten die Chinesen, über deren Künste schon der Weltreisende Marco Polo berichtete. Während der Song-Dynastie (960–1270) soll es die ersten Feuerwerke in China gegeben haben, wobei es da um Knallerei und nicht um Lichteffekte ging. Aber erst aus dem Jahr 1621 stammt das älteste Feuerwerksbuch der Chinesen. Die „Blumen aus Feuer" sind eigentlich eine japanische Weiterentwicklung, waren dort eine religiöse Kunst.

Dass das Feuerwerk aus Asien kommt, ist nicht nur kulturhistorische, sondern oft auch heutige merkantile Tatsache: In der Feuerwerksindustrie gibt es zwei Städte, die zusammen 97 Prozent des weltweiten Handels ausmachen: Liu Yang in China mit etwa 1700 Fabriken und die Feuerwerk-Stadt Sivakasi im Süden Indiens im Bundesstaat Tamil Nadu mit 800 Feuerwerksfabriken. Sie sind auch wegen der Kinderarbeit schlecht beleumundet.

Höchste Zeit fürs Bleigießen!

Ob vor oder nach Mitternacht: Neugierig sind wir, was das neue Jahr bringt

Ach, wenn man doch so etwas wie ein Herz erkennen könnte in dem Klumpen, der sich in der Wasserschale findet! Das könnte nämlich bedeuten, dass man sich neu verliebt, eine bestehende Herzensbeziehung wächst oder zumindest gut hält. Ein blumenartiges Gebilde könnte auf eine neue Freundschaft hinweisen. Vielleicht entsteht ja auch ein ziemlich kugelförmiges Gebilde, nachdem das verflüssigte Blei ins kalte Wasser getropft ist: Dann könnte man das so auslegen, dass das Glück quasi herbei rollt.

Gibt es eigentlich ein Symbol, das für wachsendes Ansehen steht? Wir haben nichts gefunden, haben aber in diese Richtung eine Idee: Das Wort „Molybdomantie“, selbstbewusst in die Runde geworfen, könnte die anderen in der Gesellschaft ehrfürchtig schweigen lassen. Es ist das Fachwort fürs Bleigießen, setzt sich zusammen aus den griechischen Wörtern „mólybdos“ (Blei) und „manteía“ (Weissagung). Die Griechen sollen es tatsächlich schon mit dem Bleigießen versucht haben, die Römer ebenfalls. Während des Dreißigjährigen Krieges schmolzen Landsknechte ihre Bleikugeln, um in ihre Zukunft zu blicken. Blei war – in Form von Gewehrkugeln – für jedermann greifbar, was die weite Verbreitung des Bleigießens erklären könnte. Dass die Alchemisten dem Blei einen besonderen Stellenwert einräumten, war dem Brauch gewiss auch nicht abträglich. Die Alchemisten

wollten im vergleichsweise weichen und schweren Blei Ähnlichkeiten zu Gold erkennen. Das Umwandeln von Blei zu Gold wollte ihnen freilich nicht gelingen.
Heutzutage kauft man das Blei schon im Set, mitsamt einem kleinen Schmelztiegel, in dem man die selbst schon in Form von kleinen Glücksbringern geprägten Blei-Dinge über einer Kerze schmilzt. Dann wird die zähe Flüssigkeit also ins Wasser gegossen. Kommt ein nicht geschlossenes Gebilde heraus, dann scheiden sich die Optimisten von den Pessimisten. Erstere könnten frohlockend ein Hufeisen erblicken, letztere einen zerbrochenen Ring argwöhnen und damit Gefahr für die Ehe. Mit Kreativität ist dem Glück beim Bleigießen auf jedem Fall gut beizukommen. Und wenn sich aus dem Zufallsding gar keine Form ablesen lässt? Man kann es auch vor die Kerze halten und sich vom Schattenwurf an der Wand inspirieren lassen.

Eine Alternative: Wachsgießen. Das ist gar keine schlechte Idee, vor allem wenn ungeduldige Kinder mittun. Wachs schmilzt deutlich schneller. Aber die Ergebnisse fallen in Blei schon vielfältiger und bizarrer aus.

Wo die Schuhspitze hinschaut

**Orakelbräuche hatten zu Silvester Hochsaison.
Die Hauptfrage war: Wen krieg ich?**

Das Bleigießen ist nur eine, wenn auch die beliebteste Spielart von Orakelbräuchen, die früher in allen Raunächten beheimatet waren. Der Thomastag (21. Dezember) war dafür nicht minder prädestiniert wie der Heilige Abend. Und dann natürlich Silvester, nachdem sich dieses Datum für den Jahresbeginn endlich allgemein durchgesetzt hatte.

Das „Handbuch des Deutschen Aberglaubens", erschienen in zehn Bänden zwischen 1927 und 1942, wurde in jüngerer Zeit als Buch und sogar als CD-ROM wieder aufgelegt. Dort sind viele Spalten lang derartige Gepflogenheiten aufgelistet. So gut wie alle sind unterdessen ausgestorben und man braucht nicht furchtbar viel Fantasie, um die Frage nach dem Warum zu beantworten: Viele dieser Bräuche sollten jungen Damen (und vielleicht auch manch reiferer Frau) darüber Aufschluss geben, wie es mit dem Heiraten in naher Zukunft aussieht. Das ist vielleicht nicht mehr die Causa prima bei der weiblichen Jugend heute. Und die älteren Singles gestehen das ungeduldige Wünschen nicht so ohne Weiteres öffentlich ein.

Das Schuh- oder Pantoffelwerfen ist einfach: Das Ding über den Kopf (oder über die linke Schulter oder wie es einem der Aberglaube eben eingibt) nach hinten werfen. Schaut die Schuhspitze Richtung Haustür, dann könnte das auf Auszug aus dem Elternhaus und

bevorstehende Ehe hindeuten. Andernfalls bleibt das Zimmer im „Hotel Mama“ noch länger besetzt.
Das Apfelschalenorakel funktioniert auch mit einer Kartoffel: Apfel oder Kartoffel werden spiralförmig geschält, die Schale wirft man hinter sich – und dann geht es ans Mutmaßen. Lässt sich aus der Form, wie das Schalenband da liegt, ein Buchstabe ablesen? Das könnte ein entscheidender Hinweis auf denjenigen/diejenige sein, der/die an uns denkt, uns liebt, uns heiratet.
Das Scheitziehen: Man setzte oder lehnte sich rücklings an einen Holzstoß und langte hinter sich. Zog ein Mädchen einen recht krummen Holzscheit heraus, dann blühte ihm ein „bucklerter“ Bräutigam. Na gute Silvesternacht!
Der Verstand spricht dafür, dass nicht viel gesprochen wird über solche Losbräuche. Schwer abzuschätzen also, ob sie heute noch von irgendjemandem praktiziert werden. Vom „Glücksgreifen“ sprach man in Ostpreußen. Neujahrsgebäck in unterschiedlichen Formen – Frau, Mann, Ring, Kind, Schlüssel und Totenkopf – wurden auf den Tisch gelegt. Entweder stülpte man Tassen drüber, oder jemand aus der Runde griff mit verbundenen Augen nach den Dingen. Erwischte jemand den Totenkopf, dann bekam das Wort „Glücksgreifen“ wohl einen reichlich makabren Beigeschmack. In Österreich heißt ein ähnlicher Brauch „Lessln“. Im hintersten Pinzgau (Salzburg/Krimml) haben ihn einige Familien wiederbelebt, üben ihn aber schon am 21. Dezember aus: Neun Hüte werden auf den Tisch gelegt, und unter den Hüten werden kleine Symbole versteckt. Sie werden durcheinander gemischt, während derjenige, der das Orakel befragen will, vor der Türe

wartet. Gut, wenn man die weiße Zwirnspule aufdeckt, das bedeutet ein langes Leben. Viel schlechter wäre es, ans „Krapfradl“ (das Teigrad zum Einschließen der Fülle) zu kommen – das hat man früher für ein Todessymbol gehalten. Ein Schlüssel könnte drauf hinweisen, dass man sich ans Hausbauen macht, das kleine Püppchen steht für Nachwuchs und das Geldstück für Reichtum. Die „Betn“ (das Dialektwort für Rosenkranz) deutet darauf hin, dass der Betreffende ein Gelübde tut oder sich für einen geistlichen Beruf oder das Leben im Kloster entscheidet. Falls dazu Entscheidungskraft vonnöten ist: Das Messer mit seiner „Schneid“ ist das logische Symbol.

Was ist unter „Bibelstechen“ zu verstehen? Man schlägt eine Bibel blind auf und fährt mit dem Finger auf eine bestimmte Textzeile – und dann hat man unter Garantie einen Silvesterabend lang und vielleicht noch länger zu deuteln, wie die aufgefundene Stelle und die Zukunft miteinander zusammenhängen könnten. Die evangelische Bevölkerung in Westfalen soll diesen Orakelbrauch beim Erwachen am Neujahrstag praktiziert haben. Am Niederrhein nannte man den Neujahrstag „Lurdag“ (Lauertag), eben weil man aus Zeichen der Natur, etwa der Windrichtung, etwas zu erlauern hoffte.

Generell dachte man früher: Wie Neujahr, so das ganze Jahr! An dieses „omen principii“ glaubten schon die Römer. Hat (oder bekommt man) am Neujahrstag Geld, soll es auch künftig daran nicht mangeln. Steht man am Morgen des 1. Jänner ehrzeitig auf, wird man auch an den kommenden 364 Tagen eher nicht zum Langschläfer. Aber hat man eine schlaflose Nacht hinter sich, dann wehe einem! Im Zweifelsfall: Zu Neujahr tunlichst nur Dinge angehen, die Erfolgsaussichten haben. Alles andere wäre wohl ein böses Omen.

Im Zeitalter der Gendergerechtigkeit darf etwas nicht mehr Gültigkeit haben, was einst ganz ernst gemeint war: Ein Knabe oder (wenigstens) ein Mann sollte einem zu Neujahr als erstes über den Weg rennen – und ja kein „altes Weib“. Das wäre ein gar böses Omen gewesen.

Das Wettrennen ums Neujahrsbaby

Das erste Baby bringt es auf jeden Fall zumindest in die Nähe der Zeitungs-Titelseiten

An jedem 2. Jänner rauscht es durch den Blätterwald: Wo und wann im jeweiligen Landesteil – oder gar im ganzen Land – hat das „Neujahrsbaby“ das Licht der Welt erblickt? Wie das Kind heißt, ein Bild des Säuglings mit den glücklichen Eltern, das gehört zur journalistischen Meldungsroutine zu Neujahr. Schlag auf Schlag kann es da gehen. Zugeben wird es ja gewiss kein Spital – aber es soll eine gewisse Konkurrenz zwischen den Gebärstationen geben, was das Neujahrsbaby anlangt. Es ist eine das Image fördernde Werbung in eigener Sache.

Für Journalisten und Nachrichtenagenturen könnte die Recherche eine Herausforderung sein, aber noch nie hat man gehört, dass es Probleme gegeben habe mit dem Ausfindigmachen des Glückskindes. Auch das ist ein Indiz dafür, dass die Klinikbetreiber schon gerne selbst dafür Sorge tragen, dass sich die Geburt früh am Neujahrsmorgen herumspricht.

Wann gilt ein Kind eigentlich als geboren? Der Zeitpunkt der Abnabelung gilt als offizielle Geburtszeit, so steht es in medizinischen Lehrbüchern. Wie schnell die Nabelschnur durchschnitten wird, das steht freilich nirgends. Da kann man sich ohne weiteres ein paar Minuten Zeit lassen. Mag sein, dass es manche am 1. Jänner ab null Uhr recht eilig haben damit. „Letztendlich ist die Kür des Neujahrsbabys das Ermittlungsergebnis eines

Nachtredakteurs der Austria Presse Agentur (APA), der nach dem Sichten zahlreicher – hoffentlich glaubhafter – Spitalsmeldungen und einem Rundruf die offizielle Botschaft verkündet“, konnte man 2015 in der Silvesterausgabe der österreichischen Tageszeitung „Kurier“ lesen. Sechzig Geburtsstationen gibt es in Österreich. Es gilt also nicht wenige Geburtszeiten abzugleichen.

Schauen wir in die Geschichte, wer war Neujahrsbaby? Gerade nicht geschafft haben es der französische Maler Henri Matisse (1869), auch nicht sein deutscher Künstlerkollege Max Pechstein (1881). Eben so wenig der amerikanische General George Marshall (1880), den Winston Churchill nach dem Zweiten Weltkrieg den „Organisator des alliierten Sieges“ genannt hat. Der „Marshall-Plan“ machte den Namen des Friedensnobelpreisträgers 1953 unsterblich. Man kann es also auch als jemand zu etwas bringen, der schon am 31. Dezember den Weg in die Welt gefunden hat. Der Geiger Nathan Milstein (1903) und der Österreicher Simon Wiesenthal (1908), der Leiter des Jüdischen Dokumentationszentrums in Wien, waren auch solche „Altjahres-Frühchen“.

Das zeitlich früheste wirklich prominente Neujahrsbaby kam in der florentinischen Renaissance 1449 zur Welt: Lorenzo de Medici, dem die Zeitgenossen das Attribut „Il Magnifico“, der Prächtige, gegeben haben. Ein echtes Glückskind wohl – das hat damit begonnen, dass er in die weitum reichste Familie seiner Ära hineingeboren wurde. Und es ging weiter damit, dass er einem Mordanschlag, den die florentinische Familie Pazzi im

Schulterschluss mit Papst Sixtus IV. gegen die führenden Mediceer planten, knapp entkommen ist. Nicht so sein Bruder Giulano, aber der war eben kein Neujahrskind.
Am 1. Jänner sind der Schweizer Reformator Ulrich Zwingli (1484) und der spanische Maler Bartolomé Esteban Murillo (1618) geboren worden. Lange war das Glück dem sowjetischen Staatschef Leonid Iljitsch Breschnew hold, Neujahrskind anno 1907. Ob Maurice Béjart deshalb zu einem der namhaftesten Choreographen geworden ist, weil er in der unmittelbaren postnatalen Phase 1927 die Neujahrs-Walzerklänge ins Ohr bekam? Aber damals tönte vermutlich eher Charleston etwas blechern aus dem Radio, der Tanz war da gerade ultra-modern.

Über richtige Geburtszeiten hätte vielleicht Willibald Pschyrembel, Autor des bis heute wohl populärsten Medizin-Wörterbuchs, berichten können. Er kam zu Neujahr 1901 zur Welt. Bei Damen verrät man das Geburtsjahr nicht, aber der Tag, an dem die Astrologin Gerda Rogers das Licht der Welt erblickte, ist kein Geheimnis. Vielleicht könnte sie uns mit ihren Methoden etwas aufschlüsseln, was uns schon stutzig macht: Wieso ist im Online-Lexikon Wikipedia die Liste der am 1. Jänner Geborenen ziemlich genau doppelt so lang wie jene derer, die am 31. Dezember zur Welt kamen? Entweder haben Lexigraphen doppelt fleißig recherchiert für diesen Tag – oder aber Neujahrskinder sind wirklich vom Glück begünstigt und haben eine höhere Chance, es zu etwas zu bringen.

BLOSS KEINEN KATER ZU NEUJAHR!

Glückseligs neues Jahr,
's Christkindl im krausten Haar,
a langs Leben, a guats Leben,
an Himmel danebn.
I wünsch dem Bauern an goldenen Rock,
daß er ihm steht wie a Nagerlstock!
Und i wünsch der Bäuerin a goldene Haubn,
daß si ihr steht wie a Turteltaubn.

In einem 1875 in Straubing erschienenen Buch ist dieser Neujahrsglückwunsch überliefert (Joseph Schlicht: Bayrisch Land und bayerisch Volk). Mit kräftiger Stimme haben ihn die jungen Neujahrsschreier hinausposaunt. Nicht nur die Kinder machen sich auf die Beine, die in dieser eiskalten Jahreszeit aus guten Gründen in dicken Stutzen stecken. Oft wird es also nichts mit dem Ausschlafen vor allem im ländlichen Bereich, egal ob Neujahrsschreier (im östlichen Allgäu), Neujahrsgeiger (in der Steiermark und im Burgenland) oder Neujahrsanbläser (in vielen Gegenden Österreichs und Deutschlands) zu erwarten sind. Die Glückwünscher sind oft schon frühmorgens unterwegs und es liegt in der Natur der Sache und der Morgenstunde, dass sie sich nicht leise verhalten. Manche setzen auch viel Energie daran, möglichst die ersten Gratulanten zu sein.

Was bringt man mit zum Gratulieren, was bekommen die Neujahrsglückwünscher? Gebildbrote und andere Naturalien – das war früher eine (bescheidene) Form von sozialem Ausgleich. Um geflochtene Neujahrsringe wird im Schwarzwald gewürfelt.

Im Grenzgebiet zwischen Salzburg und Bayern messen sich die Aperschnalzer, die eigentlich dafür da sind, mit ihrer kunstvollen Peitschenknallerei den Winter zu vertreiben, in einer bilateralen Konkurrenz. Und die Couch Potatoes? Die können daheim sitzen bleiben im Fauteuil, das Fernsehgerät aufdrehen und sich von den Wiener Philharmonikern im Neujahrskonzert die Musik des Walzerkönigs Johann Strauß Sohn vorspielen lassen – das tun weltweit geschätzte fünfzig Millionen Menschen. Da darf man mit Fug und Recht von einem „Brauch“ sprechen!

„Wiener, seid froh / Oho, wieso?"

Das Neujahrskonzert und die österreichische Walzerkultur – keine „Schwarzplatten", sondern Silberscheiben

Wir sagen: Das Anhören des Neujahrskonzerts ist ein Brauch. Wo in Österreich läuft denn nicht der Fernsehapparat am Neujahrsmorgen Viertel nach Elf? Und nach den Klängen der Pummerin hat man dieses Stück ja auch gerade erst in der Nacht gehört …

Was das Wiener Neujahrskonzert ist, das braucht man angesichts der weltweiten Medienpräsenz dieses musikalischen Ereignisses nicht zu erklären. Das Wort „Eurovison" greift für die Übertragung mit einzigartiger Reichweite im Bereich der klassischen Musik sowieso zu kurz: 2016 waren – zum ersten Mal – Brasilien, Pakistan und Vietnam dabei. Das Konzert wird in mehr als neunzig Länder der Welt übertragen und findet dadurch ein Fünfzig-Millionen-Publikum. Mindestens.
Ein „Medienereignis" war das Neujahrskonzert immer schon. „Das Orchester verpflichtet sich, Schwarzplatten-Aufnahmen für den Großdeutschen Rundfunk mit Wiener Musik, in erster Linie natürlich mit Werken Johann Strauß' mit einem die Wiener Note besonders beherrschenden Dirigenten zu machen." So hieß es in einem Vertrag zwischen Wiener Philharmonikern und der Reichsrundfunkgesellschaft in der Zeit des Nationalsozialismus. „Schwarzplatten" macht man keine mehr, sondern Silberscheiben – und die

sind immer schon gut eine Woche nach dem Neujahrskonzert im Handel. So schnell schneiden die Tontechniker keine andere Klassik-Aufnahme.
Über den Beginn der Neujahrskonzert-Tradition der Wiener Philharmoniker ist in den vergangenen Jahren viel diskutiert, auch historisch geforscht worden. Dass das erste Konzert 1939 (übrigens am Silvesterabend!) stattgefunden hat und dem von Hitler installierten Kriegswinterhilfswerk gewidmet war, lässt sich leider ebenso wenig wegleugnen wie die Tatsache, dass der Dirigent Clemens Krauss sich sehr gut hat identifizieren können mit dem damaligen politischen System. Österreich war an Deutschland „angeschlossen". Goebbels wusste, wie man Frohsinn verbreitet und integrierte das Neujahrskonzert – und die damals immer mehr Strauß-Walzer spielenden Wiener Philharmoniker – in die NS-Propagandamaschinerie. Dass der „Walzerkönig" Johann Strauß Sohn (1825–1899) auch jüdische Wurzeln hatte – der Großvater war konvertierter Jude aus Budapest – wusste man elegant zu vertuschen. Die Seite im Taufbuch des Stephansdoms, wo vom „getaufften Jud" Johann Michael Strauß die Rede ist, wurde in Berlin kurzerhand gefälscht. Aber das sind eigene Geschichten. Das zweite Neujahrskonzert 1941 fand bereits, wie es sich gehört, am Neujahrstag statt. Seit 1952 gibt es dasselbe Programm am Vorabend auch als Silvesterkonzert, und seit bald zwanzig Jahren werden auch für einen dritten Termin Karten verkauft. Den Blumenschmuck im Goldenen Saal des Wiener Musikvereins berappen seit 2014 die Wiener Philharmoniker selbst. Zuvor war er 34 Jahre lang ein Geschenk der italienischen Stadt San Remo. Wer von den Wiener Philharmonikern zu diesem Anlass als Dirigent eingeladen wird, dem ist ein Fauteuil-Platz im Parnass der Orchesterleiter zu dem Zeitpunkt

längst gewiss. Die Liste der Neujahrskonzert-Dirigenten in neuerer Zeit führt mit elf Auftritten unangefochten Lorin Maazel an, gefolgt von Zubin Mehta mit fünf. Der legendäre Geiger Willi Boskowsky stand von 1955 bis 1979 vor dem Orchester. Vor 1954 war das Neujahrskonzert allein Sache von Clemens Krauss. Herbert von Karajan war nur ein Mal am Pult, 1987, zwei Jahre vor seinem Tod.

Wer auch was immer dirigiert, der Walzer „An der schönen blauen Donau" gehört dazu, traditionsgemäß als zweite Zugabe. Uraufgeführt wurde der „Donauwalzer" in einer Chorfassung. In einer Besprechung dieses denkwürdigen Konzerts hieß es, die Nummer sei „ein entschiedener Schlager" gewesen. Angeblich ist damit der Begriff „Schlager" für eine reißerische Musiknummer erstmals belegt.

Der Wiener Männer-Gesangverein (begleitet von der Kapelle des 42. Infanterie-Regimentes) sang an diesem legendären 15. Februar 1867 übrigens nicht den Text „Donau so blau, / so schön und blau, / durch Tal und Au / wogst ruhig du hin, / dich grüßt unser Wien …" Der wurde erst 1889 gedichtet. Ursprünglich ging es los mit: „Wiener, seid froh / Oho, wieso?"

Immer das letzte Stück im Neujahrskonzert der Wiener Philharmoniker ist der Radetzky-Marsch. Den hat Johann Strauß Vater im Revolutionsjahr 1848 komponiert. Seinen Namen hat das Stück, bei dem das Publikum traditionellerweise mitklatschen darf, wegen der Widmung an den Feldmarschall Josef Wenzel Graf Radetzky bekommen.

Es gibt übrigens noch einen Anlass in Österreich, bei dem der Radetzkymarsch quasi Pflichtstück ist. Vor jedem Heimspiel der österreichischen Fußball-Nationalmannschaft tönt er aus den Lautsprechern.

Neujahrsgeigen

Besser, man erwartet nicht, dass ein sanft säuselndes Streichquartett vor der Tür steht

Den Lungen steht eine ziemliche Herausforderung bevor. Immerhin gilt es jedes Jahr in (oder vor) rund 450 Häusern die Aufwartung zu machen. Die Musiker von Krobotek, einer Gemeinde im südlichsten Zipfel des Burgenlandes, spielen in mehreren Weilern auf: „In Maria Bild, Rosendorf, Weichselbaum, Wallendorf, Henndorf und Krobotek“, zählt Mario Deutsch vom örtlichen Musikverein auf. Und er betont: „Die Leute warten schon drauf. Da kommt man wirklich zu jedem Haus hin und wünscht alles Gute.“

„Neujahrsgeigen“ heißt der weit verbreitete Brauch bei den Musikergruppen im Burgenland sowie in der südlichen und östlichen Steiermark. „Gleich nach dem Krieg“ habe man damit angefangen, erzählt Mario Deutsch. Blättert man in den Chroniken der Musikkapellen, dann findet man bestätigt: Das Neujahrsgeigen, also das musikalische Glückwünschen von Haus zu Haus, gehört für die meisten Musiker in dieser Gegend zum festen Jahreslauf.
Gottfried Meitz, der Obmann der Blasmusikkapelle in St. Martin an der Raab (im Dreiländereck zwischen Österreich, Ungarn und Slowenien) beschreibt das Neujahrsgeigen: Mit zwanzig bis fünfundzwanzig Spielern rückt die Musik aus. Nach einem Marsch oder

einer Polka wird „Prosit Neujahr“ gewünscht – und dann ist eine Bewirtung fällig: Die Besuchten wissen, wann die Musik ins Haus steht, und sie richten etwas zu Essen her: Brötchen, Krapfen, Mehlspeisen, Tee und natürlich auch einen Schnaps. „Das braucht man schon, wenn man den ganzen Tag unterwegs ist“, sagt Gottfried Meitz. Kondition ist sowieso gefragt, denn die Gruppen sind ja über Tage unterwegs. „Es ist eine schöne Sache für uns Musiker und für die Besuchten gleichermaßen.“

Warum heißt es eigentlich „Neujahrsgeigen“, obwohl der Brauch fest in der Hand der Blaskapellen ist? Es mag mit der Randlage zu Ungarn zusammenhängen, auch mit der Roma-Minderheit in diesem Landstrich. Das Musikmachen war eine Domäne der umherziehenden Zigeuner. Dass diese das neue Jahr beginnen hätten lassen, ohne musizierend zu heischen, war unvorstellbar. Der Zigeuner mit der Geige – das ist eben mehr als ein Bild aus Operetten.
Nicht immer steckt hinter dem Neujahrsgeigen in dieser Region die örtliche Blasmusik. Auch viele Dreier- und Vierergruppen von Volksmusikanten mit Ziehharmonika sind unterwegs. Zur „Knöpferlharmonika“ kommt vielleicht eine Gitarre, und womöglich schleppt einer sogar den Kontrabass mit sich. Auch einen Spieler auf dem Jux-Instrument „Teufelsgeige“ entdeckt man gelegentlich in den Gruppen. „Knöpferlharmonika“, Klarinette, Trompete ist auch eine häufige Besetzung. Ein Streichquartett ist jedenfalls nicht zu erwarten beim Neujahrsgeigen.

Nicht selten werden die Neujahrswünsche singend vorgetragen. In Stattegg, einer Gemeinde nördlich von Graz, hat einer der (natürlich auch hier blasenden) Neujahrsgeiger einen Reitstall. Deshalb kann seine Musikantengruppe mit der Pferdekutsche vorfahren. So nobel haben's die wenigsten. Die Neujahrsgeiger-Gruppe in Stattegg macht sich sogar die Mühe und bereitet Gstanzln vor, also kurze Spottverse, abgestimmt auf die jeweils besuchten Leute.

Ein hübscher Brauch wird in Wallern im burgenländischen Seewinkel für den Silvesterabend beschrieben: Da war es so, dass Mädchen und Musikanten umherzogen, um das neue Jahr „einzugeigen". Es wurden die Neujahrslieder gesungen und die Musikkapelle spielte lustige Weisen. Darauf wurde das Fenster geöffnet und den Musikanten Geld herausgegeben. Leute, die darauf keinen Wert legten und kein Geld hergeben wollen, klopften während des Spieles einfach ab. Wenn überall das Neujahr „eingewunschen" war, gingen die jungen Leute ins Gasthaus und tanzen bis Mitternacht. Punkt zwölf wurde das Licht ausgelöscht und auf die Tür die kommende Jahreszahl und die Buchstaben K, M und B geschrieben. Dann ging der Tanz weiter bis in die Morgenstunden.

Neujahrsanblasen

Ganz so, wie es einst auch die Stadtpfeiffer gemacht haben

Was im Südosten Österreichs das „Neujahrsgeigen“ ist, das heißt sonst fast überall „Neujahrs(an)blasen“. Den Brauch ist im Alpenland, vor allem auch im süddeutschen Raum und im Allgäu sehr verbreitet. Im Gegensatz zum Neujahrsgeigen, das man sich den umherziehenden Zigeuner-Musikanten abgeschaut haben dürfte, dürfte diese Gepflogenheit örtlicher Blasmusikvereinigungen eher auf der Tradition der Stadtpfeifer zurückgehen. Stadtpfeifer waren nicht die Angesehensten in der Gilde der Musiker.

Schauen wir uns das Leben im Barock mal aus Musikerblickwinkel an: Rund dreihundert souveräne Staaten bildeten nach den Westfälischen Frieden 1648 das Heilige Römische Reich Deutscher Nation. Lauter winzige, für sich allein weitgehend bedeutungslose politische Gebilde. Umso wichtiger war es für diese vielen Klein-Potentaten, sich kulturelle Alleinstellungsmerkmale zu schaffen. Für ehrgeizige Musiker boten die Hofkapellen gute Berufschancen. Die Stadtpfeifer hingegen waren bei den Städten in Dienst. Für Auftritte bei Hof waren sie nur gefragt, wenn wirklich große Bläserbesetzungen benötigt wurden. Alltag der Stadtpfeifer waren die Turmbläserei, die Kirchenmusik, das Spiel auf Hochzeiten und bei Festen. Unter Stadtpfeifern darf man sich übrigens nicht nur die Spieler von Zinken, Trompeten und Posaunen vorstellen. Auch Streicher und Holzbläser zählten dazu. Trommler und Paukisten natürlich auch.

Lefima

All diese Stadtpfeifer waren sozial deutlich weniger gut gestellt als ihre höfischen Kollegen. Genau deshalb war es Usus, dass sie zu Neujahr Heische-Umgänge durchführten, um ihr Salär aufzubessern. Eine ganze Reihe von Erlässen und Verboten der Stadträte kündet davon, dass die Hausbesuche der Stadtpfeifer mehr oder weniger als Bettelei eingestuft wurden. In protestantischen Landen wie im Erzgebirge pflegten auch Kantoreigesellschaften solche Heischegänge zwischen Weihnachten und Dreikönig.

Es ist also absolut keine neue Idee der örtlichen Musikvereine, wenn sie mit musikalischen Glückwünschen die Vereinskasse aufbessern. Meist ist das Neujahrsanblasen so alt wie der betreffende Verein.
Es ist üblich, dass Blaskapellen sich dafür „splitten“ und kleinere Gruppen bilden. Schließlich möchte man möglichst weit herumkommen in der Gemeinde. Es steckt oft erhebliches Know-how dahinter, um die Spiel-Wege zu organisieren und musikalisch funktionstüchtige Gruppen zusammenzustellen. Die Sache ist nicht nur fürs Vereinsbudget interessant, sondern hat auch eine musikpädagogische Komponente: Es schadet nicht, wenn Blasmusiker auch mal in kleinen Gruppen so richtig gefordert sind.

Junge Schreihälse

Das Neujahrsschreien im östlichen Allgäu ist ein Heischebrauch der Kinder

Ob es statthaft ist, anzuklingeln, darüber gehen die Meinungen auseinander. Die Kinder in Pfronten haben von ihren Vorgängern eingebläut bekommen, dass die Kraft der Lungen ausreichen sollte. Schlafmützen werden dort nicht geweckt. In Nesselwang, also nur wenige Kilometer weiter, wird zuerst geläutet und dann der Neujahrswunsch vorgetragen. Mit möglichst lauter Stimme.

„s'Nuijohrschreie", sagt man im östlichen Allgäu zu dem Kinderbrauch. In Niederbayern kommt das Neujahrsschreien auch vor, aber selten. Warum werden die Neujahrswünsche lauthals vorgetragen? Vielleicht hängt es damit zusammen, dass die Bauern, wenn die Kinder kamen, schon beschäftigt waren, mit Stallarbeit zum Beispiel. Also mussten die jungen Heischegänger erst mal auf sich aufmerksam machen.

Der Neujahrsmorgen ist der Termin für diesen Brauch. Zu Mittag ist auf alle Fälle Schluss, versichern die jungen Schreihälse in Pfronten. War man einst zu spät dran, dann bekam man von drinnen zu hören: „S'Kraut isch scho gesse!"

Wer nicht mehr im schulpflichtigen Alter ist, der hat in den kleinen Gruppen, die meist nur die Nachbarschaft besuchen, nichts mehr verloren. Heischebräuche dieser Art waren früher verbreitet. Vielleicht waren bald zu viele arme Leute unterwegs, so dass man die Umgänge schließlich auf Kinder eingeschränkt hat. In einem in Straubing 1875

erschienenen Buch wird vom „Neujahr Anschreien" als einem „Erwerbszweig der armen Gemeindehauskinder" berichtet.
Frühmorgens fangen sie an, mancherorts schon um sechs Uhr morgens. „ Mir wünschet uib a guets nuis Johr!", heißt es, oder „Gelobt sei Jesus Christ. A guots nuis Johr alle mitand!" Früher gab es für die Neujahrsschreier als Dank einen Apfel oder eine Dörrbirne, aber bald bürgerte sich auch eine kleine Geldgabe ein, „a Batzele". Das kommt „ins Säckle", nicht in die Hand. Die Neujahrsschreier sind schließlich keine Bettler.
Nicht ganz so laut wie die Allgäuer Neujahrsschreier sind die Kinder, die sich in einigen wenigen Tiroler Gemeinden am Neujahrsmorgen ebenfalls glückwünschend auf den Weg machen: „Neujahrsabgewinnen" heißt der Brauch dort. Im ländlichen Vorarlberg sagt man „'s Neujohr Ahwünscha".
„Vor allem in den Vorstädten kamen die Buben auf Steckenpferden vermummt und angemalt angeritten." Das ist aus München überliefert. Nach dem „Absingen von allerlei Liedern und Verslein" hätten die Kinder „Würste, Fleisch oder süßes Gebäck eingeheimst". In den größeren Städten sind solche Heischebräuche längst ausgestorben. Höchstens legt man noch dem Briefträger einen kleinen Geldschein in den Briefkasten, aber selbst das ist schon weniger üblich. Und wo gibt es noch Hausbesorger, bei denen man sich zu Neujahr mit einer Flasche Wein einstellen könnte? Vor drei, vier Jahrzehnten war solches durchaus gängig. In Wien – das berichtet die Brauch-Kennerin Helga-Maria Wolf – habe man bis in die 1970er Jahre (!) noch Verkehrspolizisten zu Neujahr beschenkt. Mit dem Siegeszug der Verkehrsampel war es darum auch geschehen.

Neujahrsbesuch vom Bären

Ein seit über hundert Jahren bestehender Brauch von Junggesellen

Nur in Kriegszeiten und einige Jahre danach blieben die Bären im Käfig, sprich: die Kostüme eingemottet. Aber die Bärengruppe von Helberhausen, einem Ort im Siegener Land (Westfalen), konnte am 1. Jänner 2015 ihr hundertjähriges Bestehen feiern. Ab dem Jahr 1949 ist auf der Website der Bärengruppe nachzulesen, wer im betreffenden Jahr in welchem Kostüm steckte. Aus Helberhausen und den umliegenden Ortsteilen Hadem und Oberndorf (alle gehören zur Gemeinde Hilchenbach) kommen die Mitglieder, die seit mindestens zehn Jahren dort ansässig sein müssen. Junggesellen müssen es sein, das ist der Brauch. Wer heiratet, ist draußen.

Zeit zum Ausschlafen haben die Mitglieder der Bärentruppe am Neujahrstag nicht – natürlich auch diejenigen nicht, denen sie schon so bald ihre Aufwartung machen. Um sechs Uhr Früh geht es schon los am Neujahrsmorgen. Den ganzen Tag sind Bär, Bärenführer, Hexe, Teufel, Zigeuner und ein paar andere von Haus zu Haus unterwegs. Einer spielt auf der Ziehharmonika. Mit lauten „Pascha"-Rufen zieht die achtköpfige Gruppe durchs Dorf. Man sammelt Geld, gelegentlich darf es auch ein Schluck Schnaps sein. Aber bei vierzehn Stunden Umzug müssen selbst trinkfeste Bären Vorsicht walten lassen.

Wer nicht spendet, der bekommt schwarze Schuhwichse ins Gesicht. Selbst Autofahrer, die zufällig vorbei kommen, sind schon angehalten worden und haben etwas berappen müssen. Das Geld wird zum Großteil für wohltätige Zwecke gespendet. Früher war es anders: Als die Menschen noch mehrheitlich in der Landwirtschaft tätig waren, ist vor den Feiertagen geschlachtet worden und die Bauern haben selbst Würste produziert. Um solche bat man damals. „Jeder legte eine Wurst für die Bären zurück und abends wurde dann eine Erbsensuppe gekocht", erinnert sich ein Alt-Bär, der in den 1950er Jahren im Fellkostüm steckte.

Der „Korb" ist ein Relikt aus dieser alten Zeit, es gibt ihn immer noch als Figur. Heutzutage ist die „Kassa", der Mann mit der Geldkiste, entschieden wichtiger. Der Bärenführer hat ein geschwärztes Gesicht, trägt schwarzen Anzug, Mascherl und Zylinder. Der Teufel macht ordentlich Radau auf der „Teufelsgeige". Ist der Heische-Umgang beendet, dann gibt es noch den „Bärenball". Höhepunkt dabei ist die Versteigerung des Hexenbesens.

Bis 1880 lassen sich solche Bärengruppen in der Gegend zurückverfolgen. Seit 1920 gibt es eine Bärengruppe in Müsen (auch das ein Ortsteil von Hilchenbach). Diese hat ihren großen Tag aber nicht zu Neujahr, sondern am 6. Dezember.

Wo kommt diese Form des Heischebrauchs überhaupt her? Nach dem Deutsch-Französischen Krieg 1870/71 waren Zigeunergruppen mit Tanzbären in die Region unterwegs. Die hat man sich offenbar als Vorbild genommen.

Hilchenbach liegt ziemlich genau 50 km westwärts von Köln.
Die Bärengruppe von Helberhausen ist am Neujahrstag unterwegs.
www.baerengruppe.de

Neujahrsbopp, Stutzweck, Neujahrsstriezel

Gebildbrote waren und sind beliebte Geschenke und haben symbolische Aussagekraft

Der Neujahrsbopp: ein walzenförmiges Backwerk mit zwei mehr oder weniger ausgeprägten Ausbuchtungen an beiden Seiten. Es sind wirklich Köpfe gemeint, denn das Ding aus süßem Hefeteig soll miteinander verwachsene Puppen symbolisieren. Die eine steht für das alte Jahr, die andere fürs neue. Im Rhein-Main-Gebiet, vor allem in Mainz kennt und schätzt man den Neujahrsbopp. Der Bopp bekommt dann am „Körper" noch zwölf Einschnitte, die angeblich für die zwölf Monate stehen.

„Der Bopp hatte früher große Tradition und wurde in allen Familien gebacken", erinnert sich Gerhard Schwind, einst Bäcker. „Bis in die 1970er Jahre war es üblich, dass die Hausfrauen Ihre Boppe am 31. Dezember zu uns zum Backen brachten." Man brachte und bringt den Bopp gerne zu Neujahrsbesuchen bei Freunden mit.

Allein die Größe unterscheidet den Mainzer Neujahrsbopp vom Frankfurter Stutzweck. Der Bopp nämlich ist ein ordentlicher Striezel, der dann in Scheiben geschnitten wird. Der Stutzweck ist die kleine Ausgabe davon. Ihn haben die Leute früher bereitgehalten, wenn Kinder zum Neujahrswünschen kamen. Er war ein Geschenk für sie zum Mitnehmen.

Aus älteren Zeiten ist auch überliefert, dass man in den Frankfurter Bäckerläden zu Silvester bis in die Nacht hinein gewürfelt hat um die Stutzweck. Auch dieser ausgestorbene

Sozialbrauch erklärt die geringe Größe des Stutzweck. Heutzutage würfelt man nicht mehr am Ladentisch darum, aber ein beliebstes Gebäck sind die Stutzwecken nach wie vor.
Mit diesen beiden Backwerken sind schon mal die Hauptzwecke solcher Gebildbrote umrissen. Die Bezeichnung kommt daher, dass mit ihnen etwas abgebildet wird, symbolisch oder realistisch. Simon Grunau, ein preussischer Dominikanermönch, schrieb 1397 über das „Newjar-backen“:
„... und in eim iglichen Hause am abende circumcicionis domini (gemeint ist der Silvesterabend) man machte vom Teige bilde und sonnst was man kunnte und im morgen man schickte es denne zu den nachber zum zeichen der freuntschaft.“
Machte man die Aufwartung bei Familienangehörigem, Paten oder Freunden, wollte man eben nicht mit leeren Händen dastehen. Und klopften Fremde an die Tür, Kinder oder irgendwelche vermummte Gestalten, dann musste man sich auch erkenntlich zeigen. Geldspenden sind eine Erfindung neuerer Zeit. Ursprünglich ging es bei den Heischebräuchen niedrig gestellter sozialer Schichten um das Spenden von Nahrungsmitteln. Die heute oft eingeforderte „Umverteilung“ zwischen Arm und Reich geschah, an manchen Tagen im Jahr wenigstens, auf diesem Wege.
In der Gegend um Karlsruhe (Baden Württemberg) kennt man den „Dambedei“, ein Männchen aus besonders feinem Hefeteig: Vom „Tampedea“ leitet ein Karlsruher Bäcker das Wort ab – in Alträtien, dem heutigen Graubünden, meinte das einen guten Hausgeist. Der Dialektforscher Rudolf Post sieht zwei Wortwurzeln: Das mittelhochdeutsche „dîhen“ meinte „gedeihen“. Und die Vorsilbe „Dampe“? Ein Dampel oder Dampelhans

sei im badischen Dialekt ein Tollpatsch. Vielleicht eine Anspielung auf die schlichte Puppenform dieses Gebildbrotes.
In Ostfriesland werden „Neejahrskoken“ kredenzt. Für deren Herstellung braucht’s ein Waffeleisen. „Krüllkoken“ heißen diese Waffeln, wenn sie gleich nach dem Backen, wenn sie noch weich sind, ganz eng gerollt werden (eine Art Hohlhippen). Sonst werden sie über ein Holz in Form eines Drehkegels gelegt beziehungsweise in ein spitz zulaufendes Glas oder eine Tasse. So nehmen sie Tütenform an („Rullerkes“) und können mit Schlag (geschlagener Sahne) gefüllt werden. Man spricht auch von Knetwaffeln, weil sie eben kurze Zeit formbar sind.
Waffeln als Neujahrsbäckerei gab und gibt es teilweise noch heute in ganz Nord- und Mitteldeutschland, von Niedersachsen bis ins Rheinland, wo man sie, ebenfalls rollen- oder tütenförmig, als „Neujährchen“ kennt.
Das Wort Neujährchen kann dort aber auch ein sehr charakteristisches Hefegebäck meinen, bei dem zwei Teigrollen kreuzförmig übereinandergelegt werden. Die Enden werden leicht breitgedrückt, mit Rosinen, gehackten Nüsse und Zimt bestreut und dann werden diese Enden eingerollt. Das Ergebnis ist ein kleines Weckerl eben mit Kreuzmotiv – besonders anschaulich für ein Gebildbrot. Auch schneckenförmig gerollt kommt dieses Neujahrsgebäck vor.
Im Saarland hatten die Kinder einen Spruch parat, wenn sie ihre Paten besuchten: „Prost Neijoohr, e Brezzel wie e Scheierdoor, e Kranz wie e Oweplatt, do werre ma allegar vun satt.“ Scheierdoor meint Scheunentor und Oweplatt ist eine Ofenplatte. Hefebrezel und Hefekranz sind gemeint, und beides, wie man hört, nicht gerade klein!

Womit wir endlich bei der verbreitetsten Form des Gebildbrotes für Neujahr wären, den im süddeutsch/alemannischen Raum anzutreffenden Neujahrsbrezen oder Neujahrsringen. Letztere werden im Idealfall aus drei unterschiedlichen Teigsträngen geflochten: Der erste, aufwändigste, enthält Marzipan, Mandeln, Pistazien und Weinbrand. So eine Mischung kann nur Glück und Freude bringen. Die in den zweiten Strang eingekneteten Rosinen stehen für Gesundheit und Kraft. Der dritte Strang bleibt ohne Zusätze, steht quasi für den natürlichen, „geerdeten" Gang der Dinge.
Neujahrskränze dieser Art können schon einen halben Meter Durchmesser haben. Auch wenn die drei kompakt geflochtenen Teigstränge in Brezenform gelegt werden, entsteht ein ansehnliches Produkt. Das ist dann schon ein repräsentatives Geschenk für die Patenkinder. Eine Neujahrsbreze kann auch aus einer Teigrolle bestehen und am breiteren Bogen ein Zöpfchenmuster aufgesetzt erhalten. In die „unendliche" Brezenform kann man symbolisch dauerhaftes Glück hinein interpretieren. Sie wird auch als Abstraktion des Betens gedeutet. Mönche beteten im Mittelalter mit vor dem Körper verschränkten Armen. In Österreich gibt es geflochtene Neujahrsstriezel, aber nicht aus unterschiedlichen Teigen.
Über eine Neujahrsspezialität muss man noch reden: Krapfen, also schwimmend in Öl herausgebackenes Germgebäck, gibt es in unendlich vielen Varianten in ganz Europa. Der „Berliner Pfannkuchen" aber ist speziell auch als Neujahrsspeise konnotiert (die ihm verwandten Pförtchen, Förtchen, Futjes sind uns in Niedersachsen und Schleswig-Holstein schon untergekommen). Weil in der Silvesternacht auch Jux sein darf, hat man ihn in Berliner Bäckereien sogar mit Senffüllung angeboten (das soll aber nur mehr ganz selten

vorkommen). Ein solches Stück konnte man unauffällig unter die verzehrtauglichen Pfannkuchen mischen und sich am sauren Gesicht desjenigen freuen, der den Senf-Krapfen erwischt hat.

Um die Genese von Krapfen bzw. Pfannkuchen gibt es mancherorts anschauliche Geschichten – aber das sind natürlich durchwegs Legenden. Martialisch klingt jene von der „Erfindung" des Berliner Pfannkuchens durch einen Zuckerbäcker, der gerne Kanonier hätte werden wollen, aber für die Preußische Armee nicht taugte. Friedrich der Große ließ ihn wenigstens als Feldbäcker dabei sein – und zum Dank „goss" der kriegsbegeisterte Konditor Pfannkuchen in Kanonenkugelform.

Die Assoziation zwischen Krapfen und Kanonenkugel mag Österreichern nicht so recht einleuchten. Hier ist man stolz drauf, wenn der Krapfen so flauschig ist, dass man ihn ganz fest zusammendrücken könnte und er trotzdem danach wieder seine Form annähme und aussähe wie zuvor. In Wien schreibt man das Wort Krapfen einer Hofratsköchin namens Cäcilie Krapf zu. Sie kochte und buk gegen Ende des 17. Jahrhunderts. In Wirklichkeit sind aber dort schon in einer Köcheordnung von 1486 „Krappffenpacherinnen" angeführt.

Was sagt die Etymologie zum Wort Krapfen? Auf das althochdeutsche Wort „krapho" führen Sprachwissenschafter die Bezeichnung zurück. Damit sei ein haken- oder krallenförmiges Gebäck gemeint gewesen. Es ist also nicht nur sprachlich ein weiter Weg bis zum Wiener Krapfen oder zum Berliner Pfannkuchen …

Silvesterkarpfen oder Schweinskopf?

In Wirklichkeit sind Fondue und Raclette das „echte“ Essen zum Jahreswechsel

Manchmal hilft die Bibel nicht wirklich weiter. Zum Beispiel nicht bei der Frage, warum Linsen nach altem (Aber)Glauben das Glück fördern. Solches kann man aus dem Buch Genesis (25, 29–34) beim besten Willen nicht herauslesen. Da kommt Esau mit knurrendem Magen von der Jagd und will eine ordentliche Portion „von dem Roten da“. Der Zwillingsbruder Jakob zeigt sich so zugeknöpft wie hinterlistig: Esau kriegt von den Linsen, aber dafür muss er Jakob das Erstgeburtsrecht abtreten. Das tut der Einfaltspinsel, ohne groß aufzubegehren: „Er aß und trank und ging seines Weges.“ Brachten ihm die Linsen Glück? Immerhin hat Esau es später auf sechs Ehefrauen gebracht.

Aber wir reden hier nicht von der im Alten Testament noch keineswegs verpönten Vielweiberei, sondern von Linsen. Ihrer sind viele, und sie sind nahrhaft. Da liegt ein Analogieschluss zum Geld und zu anderen Gütern nahe. Es soll tunlichst mehr werden im kommenden Jahr. Dieselbe Symbolkraft wird auch anderen Hülsenfrüchten (etwa Bohnen) zugeschrieben, weil sie ebenfalls aufquellen und rasch keimen. Man kann fast zuschauen, wie es weiter geht mit dem Sprießen. Nur bei den Erbsen heißt es ein wenig aufpassen. Einer Ansicht nach bringen sie Glück, ganz wie Linsen und Bohnen. Vor allem im Norden Deutschlands gilt die Erbsensuppe deshalb vielerorts als typisches

Silvesteressen. Aber manche warnen vor den Erbsen gerade zum Jahreswechsel: Das Glück könne davonrollen.

Symbolischen Charakter hat auch das Fischessen zu Neujahr. Schon mal einen Fisch im Retourgang beobachtet? Na also. Es geht nur vorwärts, und das oft pfeilschnell. Der Fisch gilt als Symbol für Fruchtbarkeit. Das silberne Glänzen erinnert an Münzen. Daher der Brauch, eine Schuppe vom Karpfen in der Geldbörse aufzubewahren.

Fisch soll man von der Schwanzflosse weg verzehren, damit das Glück nicht mehr davon schwimmen kann. Die Karpfenzucht, die tief ins Mittelalter zurückreicht, ist ein Ergebnis der Klosterkultur. Die Mönche haben erkannt, dass Karpfen auch in Tümpeln mit weniger sauerstoffreichem Wasser gut gedeihen. Ob ihres Fettgehalts sind sie zudem nahrhaft.

In Deutschland gilt der Karpfen als klassisches Silvester- oder Neujahrstags-Essen. Rund 200 000 Karpfen enden zu Jahreswechsel in den Kochtöpfen. Das entspricht zwar 60 Prozent des Gesamtjahreskonsums, aber bei 80 Millionen Einwohnern, verteilt auf 40,2 Millionen Haushalte, ist es doch nicht wirklich viel. Wahrscheinlich geht es dem Karpfen ähnlich wie dem für Österreich zu diesem Anlass angeblich so populären Schweinekopf: In Wirklichkeit pfeift die große Mehrheit der Menschen auf die Ess-Tradition. Sehr viele greifen lieber zum Fondue-Topf oder zum Raclette-Griller. Sich darum zu versammeln, bedeutet unter Garantie einen Zugewinn an Gemeinschaftserlebnis. Das deutsche Marktforschungsunternehmen GfK hat es bestätigt: In den letzten drei Monaten des Jahres 2013 seien demnach in Deutschland 2 600 Tonnen Raclette-Käse verkauft worden, das ist die Hälfte vom Jahresumsatz. In jedem zehnten Haushalt soll es zum Jahreswechsel Raclette geben.

Der Karpfen ist also ganz weit abgeschlagen. Übrigens: Wenn schon, dann Karpfen blau. Der Fisch wird nicht entschuppt, die Schleimschicht auf den Schuppen bedingt die Blaufärbung.

Das Schwein: Es ist zu Silvester oder Neujahr eben doch nicht nur in Marzipan und Schokolade gefragt. Geflügel ist zu dem Anlass ganz schlecht beleumundet, denn es scharrt nach hinten und fliegt womöglich davon. Das soll das Glück auf keinen Fall. Ein Schwein schaut nicht zurück, sondern wühlt sich zielstrebig nach vorne. Gelegentlich sucht und findet es sogar Trüffel.
Wenn ein gekochter, ausgelöster „Sauschädel“ (Schweinekopf) als Ganzes auf den Tisch kommt, womöglich mit Petersilie geschmückt, dann sieht der Österreicher das Glück förmlich (in diesem Land ist der Schweinekopf populärer als anderswo). Im Wurzelsud wird der Sauschädel zubereitet. Kren (Meerrettich) ist eine unverzichtbare Beilage.
Angeblich haben sich schon die Germanen die Kraft des Ebers angeeignet, indem sie einen solchen verzehrt haben. Jenseits von allem Zauberglauben: Angesichts des Nährwertes hat diese alte Gepflogenheit etwas für sich.

Pfeffern oder Fitzeln

Leichte Schläge fürs Wohlergehen

„In Franken ist es der Brauch, dass die Aeltern von den Kindern … gefitzelt werden. Dieses Fitzeln ist bey den Protestanten ebenso üblich wie bey den Katholiken. Die Ruthen werden von solchen Gewächsen gebunden, welche um diese Jahreszeit noch grün sind … Indem man fitzelt … sagt man dazu: Schmeckt der Pfeffer gut, oder auch: Ist das Pfefferleinsbrod gut?“ So ist der Brauch beschrieben in der „Oekonomischen Encyklopädie“ von Johann Georg Krünitz, erschienen ab 1771. Dort steht auch, worauf der Spruch hinausgelaufen ist: „Pfeffernüß und Brondaweiy / und an ganzen Dohler dreiy / germer oisig mit.“ Branntwein und einen Taler zum Mitnehmen.

In Haig (Gemeinde Stockheim), auch in Steinwiesen und Neufang im oberfränkischen Frankenwald wird dieser sonst so gut wie ausgestorbene Brauch tatsächlich noch geübt: das „Pfeffern“ oder „Fitzeln“. Er ist mit dem unterdessen auch schon raren „Frisch und g’sund-Schlagen“ im Süden Österreichs (Kärnten, Steiermark) oder dem „Schappen“ der Kärntner Slowenen am Tag der Unschuldigen Kinder (28. Dezember) verwandt.
In Franken wird das Pfeffern zwischen dem Stephanitag und Neujahr beschrieben, als häuslicher Brauch, bei dem Eltern die Kinder, aber auch Kinder die Eltern mit Wacholder- oder Mistelzweigen morgens im Bett „fitzeln“. Auch das Pfeffern oder Fitzeln als

Gasslbrauch (Burschen gehen mit Leitern zum „Fensterln“ ihrer Lieben) wird in historischen Quellen genannt.
An den wenigen Orten, wo es das Pfeffern heute noch gibt, ist es ein Umzugsbrauch von Kindern und Jugendlichen. Auf die Frage „Schmeckt der Pfeffer gut?“ antwortet der oder die Gepfefferte „Ja, es schmeckt gut“ und gibt eine Gabe oder Geld. Zu Neujahr fragt man „Schmeckt das Neujahr gut?“ Gelegentlich sind Fasnachtfiguren wie Scherenschleifer, Sackträger, Jäger und Schornsteinfeger mit von der Partie. Der Schornsteinfeger übermittelt seinen Glückwunsch dann mit einer symbolisch leichten, aber real rußigen Ohrfeige.

Dass sich vom Pfeffern, das mit einem Lebkuchen belohnt wurde, die Bezeichnung Pfefferkuchen ableitet, dürfte eine ziemlich gewagte volksetymologische Erklärung sein. Wahrscheinlicher schon ist die Herkunft der Bezeichnung Pfeffern von den Früchten des als Schlagrute gebrauchten Wacholders. Sie ähneln Pfefferkörnern.

Trinken wir ein „Joarschdröpken“!

Der Neujahrstag ist ein klassischer Tag, an dem man liebe Leute besucht

Klingt nicht schlecht in den Ohren, das schöne Wort „Joarschdröpken“. Neujahrströpfchen auf Hochdeutsch. Wir sind am Niederrhein, aber eher nicht in den urbanen Ballungsgebieten und schon gar nicht in Düsseldorf, das sich ob seiner dreihundert Kneipen auf einem Quadratkilometer Fußgängerzone den Ruf eingehandelt hat, die „längste Theke der Welt“ zu sein. Aber natürlich: Zum Jahreswechsel bleibt man auch dort nicht allein!

Das „Joarschdröpken“ trinken Leute, bei denen sich noch der schöne Brauch gehalten hat, am Neujahrstag Freunden, Nachbarn und Verwandten einen Besuch abzustatten und auf ein gutes neues Jahr anzustoßen. Das wird in vielen Gegenden als nett empfunden und ist als familiärer Brauch lebendig geblieben, auch noch im Facebook-Zeitalter. In den zu den Niederlanden grenznah gelegenen Gegenden ist dafür sogar ein eigenes Wort gebräuchlich: „Verosche“ oder „Vroosche“ sagt man zu diesen Besuchen. Vom niederländischen Wort „verasse“ leitet sich der Ausdruck ab. Er bedeutet: jemanden überraschen. Früher ist man zum „Verosche“ tatsächlich am Neujahrsmorgen nicht zu spät aufgebrochen, schließlich wollte man da sein, bevor der andere sich seinerseits auf den Weg zum Neujahrswünschen machte.

Der Heimatverein Viersen (ein Ort etwa 25 km westlich von Düsseldorf) teilt dazu folgenden Spruch mit: „Jlökselich Nöijoar! / Der Kop fol Hoar! / Der Bül fol Jäld! / Dat rapelt duer de jantse Wält.“. Am Niederrhein heißt es also „Verosche joen“, überraschen gehen. Wobei ein unangemeldetes Hereinplatzen dann doch nicht mehr der Brauch ist, nicht erst seit der Erfindung des Handy.

Das einander Zuvorkommen spielte und spielt manchmal immer noch eine Rolle im häuslichen Brauch: Das Wort „Neujahr abgewinnen“ ist uns in Tirol schon als Bezeichnung für einen Heischebrauch der Kinder untergekommen. Üblicherweise versucht man innerhalb der Familie, als Erster den Neujahrswunsch auszusprechen – und das nicht nur im süddeutschen Raum. Im Allgäu, wo nach wie vor Neujahrsschreier unterwegs sind, tut man das traditionsgemäß mit lauter Stimme.

Aus Westfalen wird der Brauch historisch so beschrieben: War es gelungen, der erste Glückwünscher zu sein, dann antwortete der andere „Dat hestu wunnen.“ Der Schnellere erhielt zur Belohnung einen Neujahrskuchen, Äpfel oder Ähnliches. „Dem lag die Vorstellung zu Grunde, dass der erste Glückwunsch, den man im Neuen Jahr erhält oder ausspricht, besonderes Glück bringen sollte“, erklärt die Westfälische Volkskundlerin Christine Gottschalk.

Vom Aperschnalzen „drent" und „herent"

Das Wintervertreiben mit der Goaßl: im Wettbewerb sogar über die Grenze

An einem rund siebzig Zentimeter langen Holzgriff ist ein zweieinhalb bis dreieinhalb Meter langes, gleichmäßig dünner werdendes Hanfseil montiert. Dieses gedrehte Seil wird sorgfältig eingefettet, damit es schwerer wird und trotzdem geschmeidig schwingt. Aber noch viel wichtiger ist das Ende des Seils, das „Zipferl": ein kurzes Stück Bastschnur, sorgfältig ausgefranst am Ende. Dieses quastenähnliche Ding macht, dass der Knall mit der „Goaßl", wie die Aperschnalzer zu ihrer Peitsche sagen, seine charakteristische helle Klangfarbe bekommt.

Das Knallen der Goaßln hat man in der Stadt Salzburg und ihren Umlandgemeinden, einschließlich des zu Bayern gehörenden grenznahen Rupertiwinkel zwischen dem Stephanitag (26. Dezember) und Faschingende gar nicht selten im Ohr. Es ist die Zeit des Aperschnalzens. Man tut es ausschließlich in diesen Wochen. In Linz gibt es eine Pass, die zu Neujahr vor dem Linzer Landhaus schnalzt.

„Paß" heißt die ganze Gruppe aus meistens neun Leuten. Es ist kein Muss, aber „eine ungerade Zahl soll es sein, weil das vom Takt her besser geht", erklärt Dietmar Aiglsperger, Obmann der Aperschnalzergruppe in Liefering. In einer Reihe stehen sie da, in Respektabstand voneinander. „Seid's geschickt?" fragt der erste, „ja" ruft der letzte in der Reihe. „Oane, zwoa, dahin geht's" – das ist das Kommando zum Beginn. Entweder, man zielt auf

einen „Pasch“ ab, also auf einen wirklich gemeinsamen, ur-kräftigen Knall. Oder – und das ist für die Zuschauer viel eindrucksvoller – es geht ums „Durcheinand“, das freilich kein solches sein darf, sondern eine absolut rhythmisch gleichmäßige Abfolge von Tönen. Der erste in der Reihe soll der Leiseste sein, die Lautstärke dann gleichmäßig zunehmen.
Weit über 150 Gruppen von Aperschnalzern gibt es in Salzburg und Südostbayern. Auch im Grenzgebiet zu Oberösterreich übt man den Brauch. Schnalzer-Passen treten gelegentlich miteinander in Konkurrenz. Beim Gemeindeschnalzen misst man sich mit den Passen der umliegenden Dörfer. Der Höhepunkt ist das „Rupertigau-Preisschnalzen“, bei dem sich Passen von „drent“ und „herent“, also von diesseits und jenseits der Landesgrenze messen. Vor zweihundert Jahren (1816) ist das einstige Fürsterzbistum Salzburg, ein souveräner Kirchenstaat wie heute der Vatikan, zum größeren Teil Österreich zugeschlagen worden. Der so genannte Rupertiwinkel kam zu Bayern. Das Schnalzen ist eine Gemeinsamkeit hier wie dort.
Beim Rupertigau-Preisschnalzen sitzt die Jury hinter einem Bretterverschlag und beurteilt „Pasch“ und „Durcheinand“. Die besten österreichischen Schnalzer gibt es traditionellerweise in den Dörfern am Fuße des Untersbergs, in Loig, Gois und Wals. Aber die Konkurrenz von „drent“ ist nicht zu unterschätzen.
„Aper“ heißt schneefrei. Im Aperschnalzen könnte also der Gedanke des Wintervertreibens stecken. Auch das Aufwecken der unter der Erde ruhenden Saat mag früher einmal Zweck des ohne Zweifel uralten Brauchs gewesen sein. Es gab einst in Deutschland ähnliche Bräuche, die beide Lesarten untermauern: Von „Lerchenwecken“ oder „Kornaufwecken“

sprach man nicht nur in Thüringen. „Ohne Peitschen gibt es kein gutes Flachsjahr“, sagten die Bauern in Mecklenburg.

Man begegnet Aperschnalzer-Passen häufig in den Umlandgemeinden Salzburgs und im grenznahen Bayern, aber ausschließlich zwischen 26. Dezember und dem Faschingsende. In Linz vor dem Landhaus am 1. Jänner um 11 Uhr.

Paschen um die Neujahrsringe

Das Würfelspiel zum Jahreswechsel wird vor allem von Vereinen hochgehalten

Auch dieselbe Sprache kann gelegentlich in die Irre führen. Spricht ein Österreicher von Paschen, dann meint er damit das In-die-Hände-Klatschen bei Volkstänzen. Hier ist aber nicht davon, sondern von einem Würfelspiel die Rede.

Von Donaueschingen hinauf bis in die Gegend von Stuttgart und Pforzheim ist das Paschen zu Hause. Man spricht es von Ort zu Ort unterschiedlich aus, es kann auch nach „Barschen", „Baschen" oder „Baatschen" klingen. Kaum ein Verein, der um Silvester und Neujahr kein geselliges Treffen abhält, bei dem man sich mit allergrößter Begeisterung diesem Würfelspiel hingibt. Es wird um minimale Geldbeträge gespielt – aber vor allem um die Neujahrsringe: Diese Hefeteig-Backwerke bestehen aus mehreren geflochtenen Zöpfen.
Drei Würfel braucht es und einen Becher. Das Ur-Spiel heißt „Passe-dix" (wörtlich: überschreite zehn) und kommt aus Frankreich. Es gewinnt derjenige, der bei einem Wurf erstens zwei gleiche Zahlen und insgesamt mehr als elf Augen wirft. „Elf hoch" sagt man auch. Es gibt viele unterschiedliche Spielvarianten und Sonderregeln. Knöcheln, Knobeln oder Knockeln sind andere Bezeichnungen für das Spiel, das angeblich schon jene Soldaten betrieben haben, die in Jerusalem unter dem Kreuz um Jesu Gewand losten.

In Süddeutschland, genauer gesagt: im alemannischen Raum, war das Paschen als Silvester-/Neujahrsspiel üblich. In den Ortschaften des mittleren und nördlichen Schwarzwalds ist es nach wie vor verbreitet und meist Vereinssache, vom Kirchenchor und der Seniorenrunde bis zum Turnverein oder der Freiwilligen Feuerwehr. Doch auch in privater Runde trifft man sich beim Wirt. Der Bäcker am Ort hat viel zu tun, um die oft in die Hunderte gehende Nachfrage nach Neujahrsringen zu befriedigen.

DIE NACHHUT

Und jedem Anfang wohnt ein Zauber inne,
Der uns beschützt und der uns hilft, zu leben.

So Hermann Hesse (1877–1962) in seinem wohl berühmtesten Gedicht „Stufen“. Als Kind und dann wieder als Buchhandelslehrling lebte der Dichter zeitweise in Bern. Zwischendurch, bevor er endgültig in die Schweiz (Tessin) übersiedelte, hielt er sich auch eine Zeit lang im Bodenseegebiet auf – da hat er wohl manches mitbekommen von den alemannischen Neujahrsbräuchen. Die waren damals freilich schon am Aussterben, bei den Schwaben und Bayern und selbst in der traditionsbewussten Schweiz. Bräuche schienen im 20. Jahrhundert, bis in die 1980er Jahre hinein, vielen Menschen nicht mehr wirklich wichtig zu sein. Die Nachkriegsgeneration hatte anderes im Kopf.

Unterdessen hat sich unsere Beziehung zum Brauch gewandelt. Nostalgie, ein neues (vielleicht gar nicht immer so uneingeschränkt positiv zu bewertendes) Heimatbewusstsein, der blühende Tourismus – das ist der Mix, auf dem das Wiedererwecken oder die Neu-Definition vieler Bräuche stehen.

„Es muß das Herz bei jedem Lebensrufe / Bereit zum Abschied sein und Neubeginne“, heißt es in dem Hesse-Gedicht so schön. Das kann man auf Bräuche ganz wunderbar ummünzen. Im letzten Kapitel dieses Buches begegnen wir einem Sammelsurium von Altem und Neuem. Die Bräuche bewegen sich zeitlich weg vom eigentlichen Neujahr und sind doch noch ganz dem von Hesse angesprochenen Zauber des Anfangs verhaftet. Und es gilt nicht minder die Gedichtzeile: „Nur wer bereit zu Aufbruch ist und Reise, / Mag lähmender Gewöhnung sich entraffen."

Dem Volkskundler steht es nicht zu, Zensuren zu erteilen. Bräuche sollte man nicht in „echt" und „unecht", schon gar nicht in „richtig" oder „falsch" einteilen. Volkskundler beobachten, sie vergleichen Gesehenes und versuchen es zu deuten innerhalb der jeweiligen Zeitströmungen. Ein sportiver „Silvesterlauf" oder ein „Neujahrsschwimmen" werden mit anderen Maßstäben zu messen sein als das Perchtentreiben, hinter dem manche Braucherklärer gar mythologische Wurzeln sehen wollen. Die vielen Teilnehmer und die Hundertscharen von Schaulustigen da wie dort zeigen: Das Bedürfnis nach wiederkehrenden Ritualen (oder nach sich regelmäßig wiederholenden „Events") liegt in der Luft. Der Zeitgeist und die Erinnerung an früher gehen mitunter kreative, manchmal auch absonderliche Allianzen ein. Man versucht es mit Bleigießen und drängt sich am selben Abend noch im Strom Zehntausender gleich Gestimmter in der urbanen Masse.
Und gerade deshalb, abzulesen an den alle zwölf Monate sich wiederholenden Verhaltensweisen der Menschen: Der von Hermann Hesse beschworene Zauber des Anfangs steckt in jedem Neujahr.

Die Sache mit den Neujahrsgeschenken

Vom Patenkind bis zum Hausbesorger – die Schenk-Pflicht war nicht immer gern gesehen

Neujahr war ein typischer Tag, an dem man Paten einen Besuch abstattete. Im Heimatbuch von Oberwern, einem Ort nahe Schweinfurt in Unterfranken, wird das so beschrieben: „Am Nachmittag nach dem Gottesdienst bringen die Paten (hier: „Touten") ihren Patenkindern das Neujahr, das Neujahrsbändel. In einem weißen Tuch eingeschlagen sind Ringel, Lebkuchen und anderes." Dort kann man auch lesen, dass es der Brauch war, dass der Firmpate am Neujahrstag die Uhr (ein einst eingebürgertes Geschenk zur Firmung) vorbei gebracht hat, und im Jahr darauf einen neuen Anzug. Mädchen bekamen Gewand, Schürzen, Halstücher: Die Schützlinge waren in der Wachstumsphase …

Am 2. Jänner war in Oberwern dann der Kaplan des kleinen Orts an der Reihe: Man überreichte ihm nach dem Gottesdienst Wurst, Eier und andere Lebensmittel. Solche Gepflogenheiten waren durchaus üblich, bevor Kirchensteuer- bzw. Kirchenbeitrag eingeführt wurden. „Wem man nitt etwas schencken dut / Der meynt, das gantz jor werd nit gut." Das schrieb Sebastian Brant in seinem 1494 erstmals gedruckten „Narrenschiff". Das ist eine Moralsatire, also dürfen wir davon ausgehen, dass der Autor sich lustig gemacht hat über das damals offenbar schon sehr übliche Schenken zu Neujahr. Nicht immer ist das Einsammeln von Geschenken wirklich gut angekommen. Blättern wir doch einmal in lehrreichen

Büchern aus dem 19. Jahrhundert: Neujahrsgeschenke seien schon im alten Rom üblich gewesen, weiß die „Real-Encyklopädie für die gebildeten Stände" (1846) zu berichten. „Sie gehörten zu den Vorrechten der Patrizier, und jeder Klient hatte dem Patrizier, den er zu seinen Patron erkoren, am Neujahrstage ein kleines Geschenk zu bringen. Die Kaiser forderten damals einen gleichen Tribut von allen Bewohnern Roms; ja Caligula trat sogar in eigener Person vor die Tür seines Palastes, um die Neujahrsgeschenke einzusammeln."

Genau das tadelt die „Encyklopädie der katholischen Theologie" (1851) als einen der „bei den Römern üblichen Unfüge". Es sei Sitte geworden, dass „die Leute sich einander beschenkten, oder wie man sich ausdrückte, sich einander Munuscula oder Strenas gaben" (ein munusculum ist eine kleine Aufmerksamkeit, strena sind Geschenke zu Feierlichkeiten). Weiter heißt es: „Eine Spur hiervon dürfte die noch damals hie und da bestehende Übung sein, Eltern und vermöglichen Personen zum neuen Jahre Glück zu wünschen, und hierauf von ihnen beschenkt zu werden."

Im Schwyzerdütsch gibt es in diesem Zusammenhang ein nettes Wort, das von der Form des Schenkens auf ein Gebildbrot übergegangen ist: „Helsete" oder „Aushelsete". Das Halsen steckt in dem Begriff. Pate oder Patin (Gotte oder Göttis) haben einst dem ins Erwachsenenalter eintretenden Patenkind ein Säcklein mit Münzen an einem Band um den Hals gehängt. So wurde das „Gottenkind" aus der Patenschaft entlassen, meist mit 18 Jahren.

Aus dem „Helsete"-Brauch hat sich dann das Überreichen eines Gebildbrotes gleichen Namens entwickelt. In den geflochtenen Zopfs wurde ein „Batzen" (eine Münze) eingebacken. Im Ort Weisslingen (Kanton Zürich) gibt es noch eine Bäckerei, die Helsetes auf

Weihnachten und Neujahr hin anbietet. Ohne Geldstück, dafür nach einem alten, geheimen Rezept. Muskat und Pfeffer kommen in den Hefeteig, so viel wenigstens wird verraten. In früheren Zeiten machte eine Vielzahl von „Bedienten“ ihren Brötchengebern gratulierend die Aufwartung. Sehr kritisch dazu die „Real-Encyklopädie für die gebildeten Stände“: „Auch bei den alten Deutschen kommt die Sitte der Neujahrsgeschenke vor, die sich in Franken und Baiern (heute Bayern) am längsten erhielt … In Deutschland ist an vielen Orten die verwerfliche Gewohnheit geblieben, daß die niedren öffentlichen Diener und andere Untergebene Neujahrsgeschenke in Anspruch nehmen. Die in neuerer Zeit in Folge der Konkurrenz im Handel und Wandel bis zum Missbrauch eingerissene Sitte, Neujahrsgeschenke zu geben und zu fordern, hat sich bis jetzt, aller Verbote ungeachtet, nicht beseitigen lassen.“

Die „Real-Encyklopädie für die gebildeten Stände“ wollte um die Mitte des 19. Jahrhunderts nicht mal das Glückwünschen ohne finanzielle Hintergedanken gelten lassen: Dieser einst römische Brauch sei „auch in die christlichen Gemeinden“ übergegangen, „und da er nicht in den Grenzen einer Ehrfurchtsbezeigung gegen Staatsbeamte stehen geblieben war, so wurde er eine allgemeine Last, besonders in Deutschland, wo die Sache in die höchste Pedanterie ausartete. Zwar sind die gedruckten Neujahrswünsche, welche bis zum Anfange des 19. Jahrh. allgemein üblich waren, wieder aus der Mode gekommen; aber noch immer kann man sich nicht entschließen, diese lästige Gewohnheit ganz aufzugeben.“ Neujahrskarten sind eigentlich so alt wie der Buchdruck, es gab sie schon im 15. Jahrhundert.

Allerlei über Perchten

Schlussmacher und Kontrolleure: Eine Percht ist kein Krampus!

In diesem Buch geht es um Silvester und Neujahr. Da aber der Neujahrstermin bis weit in die Neuzeit hinein nicht ident war mit dem heutigen Jahreswechsel und bei seiner Vereinheitlichung viele Bräuche nicht „mitgewandert“ sind, dürfen wir die umliegenden Tage nicht ganz außer Acht lassen. Vor allem die „Perchten“ muss man genauer anschauen.

Gerade im österreichischen Alpenraum geht die Sache manchmal durcheinander. Wesen mit Fellkostüm, furchterregender Verkleidung und lauten Schellen werden mal als Krampus, mal als Percht bezeichnet. Das sind aber zwei völlig unterschiedliche Figuren. Der Krampus ist eine christliche Erfindung, der personifizierte Teufel als Begleiter des heiligen Nikolaus. Der ihm zugewiesene Platz für Krampusläufe, -spiele und dergleichen ist also der Gedenktag dieses Heiligen, der 6. Dezember.

„Percht“ oder etymologisch richtiger „Bercht“ ist etwas völlig anderes. In dieser Figur, einem typischen Jahresabschluss-Wesen, stecken wirklich ältere, heidnische Vorstellungen. Percht oder Bercht sind, in so vielen unterschiedlichen Gestalten und Namen sie uns auch in heutigen Bräuchen begegnen, echte Raunachtswesen. Die besondere Umtriebigkeit der Perchten hängt mit der Wintersonnenwende, mit den „Zwölften“, mit dem abgelaufenen

Mondjahr zusammen. Dass sie heutzutage mit Vorliebe am Vorabend von Dreikönig umgehen, hat mit Kalenderverschiebungen zu tun.
In Sizilien gehen sie als „Vecchia", „Vecia" (die Alte) oder als „Stria" (von striga, Hexe) um. Im Alpenraum sind sie als „Perchtln", „Perchta" oder als „Frau Percht" bekannt. Es sind meist sehr schweigsame, hexenartig verkleidete Wesen. Gerne halten sie Besen in Händen und sie tun bei ihren Besuchen im Haus so, als wollten sie sauber machen. Das wird oft so gedeutet: Das Glück und das Gute sollen im betreffenden Haus einen sauberen, einladenden Platz vorfinden. Wehe, wenn irgendwo Wäsche hängt!

Aber es geht nicht bloß um Haushaltsangelegenheiten. Ursprüngliche Aufgabe dieser Masken war, Gebote und Verbote hinsichtlich der Speisen und der Arbeit an den Fast- und Feiertagen zu prüfen – eine in ihrer sozialen Komponente nicht zu unterschätzende Kontrollfunktion. Diese Figuren durften als Fremde durchs Haus gehen. Da haben sie allerhand gesehen: Wie gehen die Bauersleute mit den Alten um? Wie mit behinderten Kindern oder mittellosen Dirnen und Knechten, die als „Einleger" (nach heutigem Sprachgebrauch: als Sozialfälle) am jeweiligen Hof Unterschlupf gefunden hatten? Die Percht war eine, die auch Missstände weitererzählen konnte.
Fällt der Percht etwas Ungutes auf, kann sie ziemlich ungemütlich werden und wüste Drohungen ausstoßen. Diese Typen haben sich übrigens schon im Mittelalter herausgebildet: „Von Berchten mit der langen Nas" handelt ein Gedicht, das 1393, also vor über sechshundert Jahren verfasst worden ist.

Der Name Percht leitet sich - so argumentieren Sprachforscher - vom althochdeutschen „peraht“ ab, was leuchtend oder glänzend bedeutet. Die Perchten-Nacht wäre demnach jene, in der es funkelte, weil da die Weisen aus dem Morgenland mit ihren kostbaren Geschenken vor der Krippe aufmarschierten. Volkskundler sehen das ganz anders als die Linguisten (Sprachforscher). Sie leiten das Wort „Percht“ zwar auch aus dem Althochdeutschen her, gehen aber von einem anderen Stammwort aus: von „pergan“, aus dem sich später unser Begriff (ver)bergen herausgebildet hat. Perchten bleiben gerne unerkannt. Wenn man das reichhaltige alpenländische Treiben unter Masken beobachtet, klingt diese Erklärung einleuchtender.

Von Schnabelperchten bis zu den Raunachtlern

Das Perchtenvolk im österreichischen Alpenland: eine buntscheckige Gesellschaft

Macht man sich auf die Suche nach Perchten, ist das Salzburger „Innergebirg" (also die Alpentäler des Pongau und Pinzgau) eine besonders lohnende Gegend. Eine interessante Spezies, einzigartig im Alpenraum, sind die Rauriser Schnabelperchten, die unter „Qua-qua-qua"-Geschrei am Vorabend des Dreikönigstages, also in der letzten Raunacht, von Haus zu Haus ziehen. Junge Burschen, meist zu viert oder zu fünft, haben alte, geflickte Kitteln angezogen. Anstelle von Schuhen tragen sie plumpe, aus Stroh geflochtene Patschen. „Dotschen" sagt man dazu. Aber das Einzigartige an ihrer Kostümierung ist ihr riesiger, gut sechzig Zentimeter langer Vogelschnabel, der ihr Gesicht verbirgt. Er ist kunstvoll aus weißem Tuch gefaltet, über Holzstäbe, mit denen die Form stabilisiert wird. Ein Kopftuch komplettiert die perfekte Vermummung.

Schnabelperchten reden nicht (das tun die wenigsten Perchten), sondern sie quaken. Ein Besen, eine große hölzerne Schere und ein geflochtener Rückenkorb sind wichtige Utensilien der Rauriser Schnabelperchten. Sie kontrollieren nämlich die Sauberkeit im Haus. Sollten sie Staub entdecken, dann würden sie ihn zusammenkehren, den Bauch der Hausfrau aufschneiden und den Schmutz dort hinein stopfen. Das ist bisher aber noch nie vorgekommen. Und es ist auch kein Kind je in der Buckelkraxe gelandet. Bevor die Schnabelperchten gehen, erwarten sie „Futter". Es wird ihnen Geld in den Schnabel

gesteckt, und manche Percht hat sich auch nicht abgeneigt gezeigt, wenn ein Schnapsstamperl den Weg durch den Mundvorbau gefunden hat.
Viel weniger bekannt sind die „Krapfenperchten“, die in Dienten am Hochkönig umgehen. Sie sind gleich angezogen und haben dieselbe Ausrüstung wie die Rauriser Schnabelperchten, aber sie tragen Holzmasken. Der Brauch ist sonst identisch mit jenem der Kollegen im Rauriser Tal. Die Bezeichnung „Krapfenperchten“ weist darauf hin, dass es einst ums Sammeln von Lebensmitteln ging. Das Erheischen von Nahrungsmitteln war auch Ziel der „Pinggalperchten“ in Tirol, im Zillertal und in Hintertux. Ihr Name kommt vom „Binggerl“, einem Dialektwort für Butte oder Rucksack. Dort hinein kamen die erbettelten Lebensmittel. Heute findet oft Schnaps einen direkteren Weg in die Percht.
Die „Perchtln“ im oberen Ennstal sind vorwiegend schwarz gewandet und vermummt und mit Besen und Mistschaufel unterwegs. Die „Berigl“ in Bad Aussee, also im steirischen Salzkammergut, ist eine weitere nahe Perchten-Verwandte. Auch dieses Lumpenweib kontrolliert, ob alles sauber geputzt und der Ofen gekehrt ist, auch ob genug Fichtenholzspäne zum Feuermachen bereit sind. Wenn die Berigl überhaupt etwas sagt, dann mit verstellter Stimme. Übers Gesicht trägt sie ein Tuch („Hudl“), vielleicht mit Augenschlitzen und Öffnungen für Nase und Mund. So erklärt das jedenfalls die Ausseer Brauch-Kennerin Monika Gaiswinkler. Man bewirtet die Berigln mit Glöcklerkrapfen und Getränken. Berigln gehen (in immer größerer Zahl) nur in den Bauernweilern, ganz selten in Bad Aussee selbst um.

In Altaussee gibt es manchmal ein Gerangel zwischen Berigln und Glöckelbuben, denn die Berigl ist, wie man hier sagt, „lärmhoakli“: eine Form von Akusto-Neurose. Die „Haarperchten“ im nahen Bad Mitterndorf verbergen ihr Gesicht hinter Haaren oder Flachssträhnen. Ihnen wird „Perchtlmilch“ (Milch, Zucker, Schnaps) gereicht. So hat jeder Ort im Ausseerland seine Besonderheiten im Perchtenbrauch.

In der Oststeiermark, ganz am Ende des Alpenbogens, ist die „Pudlmuatta“ unterwegs. Als altes Weib verkleidet rollt (pudelt) sie Nüsse, Äpfel, Süßigkeiten herein, zur Freude der Kinder. Im niederösterreichischen Mendlingtal sieht man „Frau Perscht“ und ihre unerlösten Kinder (die „Zodawaschln“) zwar nicht, aber man stellt ihr über die Nacht eine große Schüssel „Perschtmilch“ hin und legt viele Löffel dazu.

Und was versteht man unter „Raunachtln“? Das ist ein im oberösterreichischen Innviertel noch gelegentlich am Vorabend von Dreikönig geübter Kinderbrauch. Mit Lumpen und Tüchern sind die Kinder verkleidet. Manchmal sind sie auch mit Hexen- und Krampusmasken maskiert. Einen „Rauzelten“ („Rauzöhn“) galt es früher zu erbitten, heutzutage gibt es auch Geldspenden, was einst gar nicht üblich war. Bis zum Zweiten Weltkrieg, so schreibt Rudolf Fochler in seinem Buch „Von Neujahr bis Silvester“ (1971), seien Heischegänge in den Raunächten gang und gäbe gewesen. Bis zu hundert „Raunachtgeher“ hätten da an die Türen geklopft und seien mit Raunachtkrapfen (Bauernkrapfen) und Rauschnitten (in Omelettenteig herausgebackene Brotstücke) beschenkt worden.

All diese Perchtenfiguren gehen am Vorabend von Dreikönig um.
Es sind typische Hausbesuchs-Bräuche mit starker sozialer Komponente.

Sie sind die Schönsten weit und breit

Die Tresterer im Salzburger Pinzgau stehen für Italianità unter den Perchten

Indianer hat der Salzburger Schriftsteller Ignaz von Kürsinger zwar zeitlebens nie zu Gesicht bekommen, aber angesichts der tanzenden Tresterer im Salzburger Pinzgau und ihres Kopfschmucks mit weißen Federn war ihm absolut klar: Solches erinnere „lebhaft an die Tänze der Indianer". Als er das schrieb, 1841, hat es Tresterer vermutlich noch an vielen Orten gegeben, heutzutage gibt es nur noch Gruppen in Zell am See, in Stuhlfelden, in Bruck an der Glocknerstraße und – in deutlich anderer Kostümierung – in Unken.

Die Tresterer mit den edelsten Gewändern sind vermutlich jene in Zell am See, mit ihren rot-goldenen Brokatkostümen, dem federkielbestickten Gürtel, rautenbesetzten Strümpfen, roten Schuhen – und eben dem einzigartigen Kopfschmuck mit bunten Bändern und fünfzig weißen Hahnenfedern. Noch auffälliger als das Gewand ist freilich, was die Tresterer tun: Sie kommen in die Häuser und führen einen Gruppentanz auf, der ans Schuhplatteln ebenso erinnert wie an die Moriskentänze der Renaissance. Zuerst tanzen die Tresterer ohne Musik, was archaisch anmutet, dann fallen Schwegler (hölzerne Querflöten) ein, zuletzt wird wieder ohne Instrumentalbegleitung getanzt. Sie springen, sie machen überraschende Ausfallschritte und große, schleifende Fußbewegungen und knien nieder.

Und in was für einer Gesellschaft ziehen die Tresterer am Vorabend von Dreikönig von Haus zu Haus! Zuerst machen die Schiachperchten Radau. Diesen beendet der Hanswurst,

indem er mit der Lederwurst ein Kreuz auf dem Boden schlägt und so den Tanzplatz der Tresterer markiert. „An Fried, an G'sund und an Reim“ bringen sie ins Haus, sagen die Tresterer, sie sind also Neujahrswünscher und rechnen damit auch zu den Perchtengestalten. Entsprechend gerne werden sie empfangen und auch bewirtet. Dass sie nicht zu kurz kommen, dafür sorgt beispielsweise der „Krapfenschnapper“. Nomen est omen.
In Zell am See ist die Tresterer-Gruppe besonders figurenreich. Als Schutzgeister der Waldarbeiter bzw. des Waldes gelten das Zapfenmandl und das Werchmandl. Die Hühnerpercht soll Greifvögel vom Hühnerhof fern halten. Die Habergoaß ist eine lustige Figur, die Schabernack treibt. Ein wichtiger Mann ist der „Lapp“, so etwas wie der Hofnarr im Bauernstand: Der tumbe Knecht darf ungestraft die Wahrheit sagen. Seine Gefährtin, die „Lappin“, ist für Kindersegen zuständig.

Wie kommt es zu einem solchen Sammelsurium von Figuren, zu einer solchen Mischung aus Perchten und Faschings-Typen? Tatsächlich waren auch die Tresterer einst Faschingsfiguren. Als der Salzburger Erzbischof Markus Sittikus im Frühbarock das Lustschloss Hellbrunn erbauen ließ, führte er auch Faschingsumzüge nach dem Vorbild oberitalienischer Renaissancefeste ein. Solche Verkleidungen wurden im Land imitiert. Aber dann ist in der Residenzstadt bald das Geld ausgegangen für prunkvolle höfische Feste, und die Salzburger Landbevölkerung, für die der Fasching als närrische Jahreszeit eher fremd war, hat nichts mehr anfangen können mit den Tresterern als „Gecken“. So sind diese Verkleidungen in die letzte Raunacht, in jene vom 5. auf den 6. Jänner gewandert, an den

traditionellen Perchtentermin. Da war Verkleidung seit je her angesagt. So also kommt es zum Kuddelmuddel aus Perchten und Faschingslarven.
Noch ein kultureller Wanderweg tat sich auf: Das Tiroler Inntal ist bis heute eine Faschingshochburg in Österreich. Dort kannte und imitierte man die edlen Maskeraden oberitalienischer Städte (der Venezianische Karneval war nicht das einzige närrische Treiben dort). Als die Salzburger Erzbischöfe im Zuge der Gegenreformation Protestanten in großer Zahl des Landes verwiesen, entstand in den Salzburger Gebirgstälern ein Bevölkerungs-Vakuum. Tiroler Katholiken siedelten sich dort an und brachten ihre Verkleidungstraditionen mit. Das führte zu weiterer Buntheit in den Perchtenläufen. Allerlei Brauch-Ähnlichkeiten von der Schweiz bis in den Ostalpenraum rühren von solchen Wanderbewegungen her.
Lederhosen, weiße Hemden, ein reich verzierter Hut: Die Tresterer in Unken schauen etwas „bürgerlicher" aus als ihre Kollegen in den anderen Gemeinden: Aber auch sie haben Bänder, wenn auch kürzere und nur hinten am Hut. Jedes Jahr nehmen sich die Unkener Tresterer einen anderen Ortsteil vor. Jedes Haus kommt nur alle acht Jahre dran. Ein „Pater" gehört zu den Unkener Tresterern. Er spricht den Segen über den Hof und vertreibt die natürlich auch hier unverzichtbaren „Schiachperchten". Der Hanswurst trägt hier eine überdimensionale Holzschere. Die mag er sich bei den Rauriser Schnabelperchten oder anderen Perchten-Frauen ausgeborgt haben.

Tresterer ziehen am Vorabend von Dreikönig in Zell am See, Stuhlfelden, Bruck an der Glocknerstraße und Unken von Haus zu Haus. Die Zeller Tresterer haben einen „öffentlichen" Auftritt auf dem Marktplatz, am Nachmittag des Dreikönigstages.

Die Reverenz der Tafelperchten

Der „Pongauer Perchtenlauf" ist einer der eindrucksvollsten Schaubräuche im ganzen Alpenraum

Mit „Perchtenlauf" assoziieren viele Menschen vor allem das Toben krampusartiger Wesen. Den Unterschied zwischen Percht und Krampus haben wir schon erklärt. Warum aber finden sich dann so viele furchterregende Gestalten in Fellkostümen, mit gehörnten Holzmasken und ohrenbetäubend lauten Kuhglocken an Hüftgürteln in den Perchtenumzügen am Vorabend von Dreikönig?

Wer sich die aufwändigen Kostüme dieser oft salopp als „Schiachperchten" bezeichneten Rabauken ansieht, kann sich gut vorstellen, dass die Herstellung viel Aufwand und Kosten bedeutet. So etwas trägt man nicht nur am Krampustag. Deshalb nutzen die Männer die Perchtennacht, um noch einmal in ihrer ansehnlichen Verkleidung auszurücken. Dass ihr Erscheinen gehörig Effekt macht, ist kein Fehler.

Aber in den vier großen Perchtenumzügen, die im Gasteinertal, in den Pongauer Gemeinden Bischofshofen, Altenmarkt und St. Johann und seit einiger Zeit in ähnlicher Form auch in Goldegg, Dienten und Rauris stattfinden, sind die „Tafelperchten" die wirklich bemerkenswerten Figuren. Diese „Schönperchten" tragen bis zu zwei Meter hohe

Kopf-Aufbauten und bilden den Mittelpunkt der Perchtenläufe (mit bis zu 140 Teilnehmern in den unterschiedlichsten Kostümen). In Gastein sind es ihrer dreißig. Seit 1850 sind die „Pongauer Kappenperchten“ belegt. Auf manchen Kappen sind Spiegelglas und funkelnder Schmuck appliziert. Man sagt, die Hässlichen, die „Schiachperchten“, sähen sich im Spiegel und würden so vertrieben. In Wahrheit sind auch die Tafelperchten Abkömmlinge des italienischen Karnevaltreibens.

Wenn es gilt, jemandem die Reverenz zu erweisen – zwei-, dreihundert Mal an einem Umzugstag! – Dann tanzen die Tafelperchten und ihre Nachtänzer (die G'sellin), indem sie sich um sich selbst drehen. Trompete, Klarinette, Posaune, Harmonika und eine kleine

Trommel bilden die Perchtenmusik. Nach dem kurzen Tanz machen die Tafelperchten eine ganz tiefe Verbeugung. Das ist der Moment, da die begleitende G'sellin (ein kräftiger junger Mann, als Frau verkleidet) beherzt zugreift und beim Wiederaufrichten hilft. Die mächtigen Aufbauten der Kappenträger wiegen ja bis zu fünfzig Kilogramm! Perchtenlaufen ist etwas, was Kräfte und Kondition braucht: Der Lauf im Gasteinertal dauert zwei Tage. Die Männer sind jeweils neun bis zehn Stunden unterwegs und legen pro Tag 14 bis 16 Kilometer zurück.

Eine nicht unwichtige Figurengruppe im Gasteiner Perchtenumzug ist König Herodes mit Frau und Fanfarenbläsern. Er liest den Gasteinern die Leviten. Dabei helfen ihm die Krampusse, welche persönlich bekannte Bürger festnehmen und dem König vorführen. Dieser liest die vermeintlichen Vergehen vor und urteilt so über den „Delinquenten". Herodes, seine Frau und die ihn zusätzlich eskortierenden vier Soldaten tragen römische Gewänder.

Es sind nicht immer die gleichen Leute unterwegs, denn jeder Ort hat seine eigenen Gruppen, seine eigenen größeren und kleineren Besonderheiten, sein eigenes Gepräge. Es gehen auch nicht die Brauchtumsgruppen in die anderen Gemeinden „auf Tournee", sondern jeder der Perchtenumzüge wird im Ort selbst ausgerichtet und hat daher seinen eigenen Stil.

Die nächsten Pongauer Perchtenläufe finden in Bad Gastein (2018), Altenmarkt (2019), Bischofshofen (2020) und St. Johann im Pongau (2021), statt. Dann geht es wieder von vorne los.

Winter und Sommer liegen im Clinch

Ein Perchtenumzug und ein altes Volksschauspiel in Golling bei Salzburg

„Glück hinein, Unglück hinaus, die Percht kommt ins Haus!“ Mit diesem Ruf der Frau Percht meldet in Golling ein sehr eigenwilliger Perchtenzug sein Erscheinen an. So beschreibt die „Salzburger Chronik“ 1905 den Brauch: „Der Winter, in dicken, alten Pelzrock gehüllt, eine alte Pelzhaube über die Ohren gezogen, ein Paar grobe Fäustlinge an den Händen, streitet mit dem Sommer über seine Vorzüge. Der Sommer ist leicht gekleidet, trägt einen Strohhut auf dem Kopfe und ein kleines Fichtenbäumchen in den Händen, das mit flatternden Bändern geschmückt ist. Also entspinnt sich ein heftiger Streit, jeder kramt seine Vorzüge hervor, bis sie schließlich ins Handgemenge kommen, bei welchem der schwerfällige Winter den Kürzeren ziehen muss. Doch reichen sie sich schließlich die Hände und scheiden versöhnt voneinander.“

Genauso schaut dieses Spiel auch heute aus, und zwar deshalb, weil man es 1994 aus alten Quellen rekonstruiert und wiederbelebt hat. Man hat damals auch Masken nach Museumsstücken und Gewänder nach Kostümbildern aus der Mozart-Zeit nachgebildet. Der Trachtenverein „D’ Rabenstoana“ trägt den Brauch seither. Einprägsam ist das Gollinger Sommer- und Winterspiel wegen der Masken. Der Sommer trägt einen weißen Anzug mit grüner Schärpe und einen breitkrempigen, mit Papierblumen geschmückten Strohhut.

Eindruck machen die beiden mit Federgewändern bekleideten Vogelperchten mit mächtigen roten Schnäbeln und Rehkricklein. Sie haben auch mit Falknerschellen („Bellen") verzierte Stöcke. Fetzenperchten gibt es in der Runde und eine Habergeiß mit Treiber. Fackelträger beleuchten die Szenerie, eine Musikgruppe (Flöten, Trommel, Drehleier) ist dabei, Kraxenträger nehmen Naturalgaben entgegen. Von all denen darf nur Frau Percht ins Haus. Sie hat einen Besen und kontrolliert die Sauberkeit, wie es einer Percht wohl ansteht.

Golling, Scheffau, am Abend des 5. Jänner

Die Glöcklerläufe

Imposanter Kopfputz und magische Kreise

In der riesengroßen Schar der Perchten im Ostalpenraum sind die Glöckler ganz ohne Zweifel die lichtvollsten. Die riesigen Sterne und anderen Objekte, die sie auf dem Kopf tragen, sind mit buntem Papier überzogen und leuchten von innen heraus. Weiß gekleidet sind die Männer und sie haben Kuhglocken um die Hüften geschnallt. Trotzdem kommt der Name „Glöckler“ nicht von diesen Glocken. Er leitet sich von „Klöckeln“ oder „Klöpfeln“ ab, was im Dialekt der Gegend Anklopfen bedeutet: Die Glöckler kommen zu den Häusern und machen ihre Ehrerbietung, indem sie sich hinknien. Ein Spruch gehört natürlich auch dazu.

Auch das Glöcklerlaufen ist also ein Glückwunsch-Brauch fürs neue Jahr und richtet sich an die Bewohner des jeweiligen Ortes. Das darf man nicht vergessen, obwohl die Glöcklerläufe allmählich zur Touristenattraktion werden. Am Abend des 5. Jänner können zum Beispiel in Ebensee im oberösterreichischen Salzkammergut schon an die 20 000 Touristen zusammenkommen, und 200 bis 250 „Kappen“ ziehen ihre Achter und Kreise. Das ist die Show-Komponente des Brauchs. Dann aber führt das „Gjaid“, wie die Einheimischen sagen, der Gruppen in die verschiedenen Ortsteile. „Man schaut, dass man auch bei diesem Lauf durch die Straßen Kreise zieht“, erklärt ein alter Glöckler. Die alten Figuren,

Achter, Schlingen und Spiralen, seien zwar nicht mehr üblich – aber ein Kreis muss es jedenfalls werden. Stundenlang sind die Glöckler unterwegs.
Die Pass „Alt Ebensee" hat 29 Kappen. „Eine ungerade Zahl ist Tradition, so ist es uns gelehrt worden von den älteren Leuten." Dazu kommen ein Vorläuferstern und drei bis fünf Absammler (schließlich will man auch eine Geldspende von den Zuschauern). Dann gehört noch eine Schar von „Kappenbetreuern" zur Gruppe. Sie sind dafür zuständig, niedergebrannte Kerzen zu tauschen oder kleinere Reparaturen durchzuführen.

Die Kappen aus Holz und Seidenpapier, die von innen heraus so herrlich leuchten, machen Staunen: Der „Sechsspitz" der Pass „Alt Ebensee" ist 3,30 Meter lang und 1,80 Meter hoch. Der Sturmhut des Vorläufers ist gleich 4,50 Meter lang! Das Holzgestell wird aus südamerikanischem Leichtholz gemacht. Die Motive werden in mühevoller Kleinarbeit aus Tonpapier ausgeschnitten, gestanzt und mit buntem Seidenpapier hinterklebt. Im Inneren des Holzgerüstes werden zur Beleuchtung der Glöcklerkappen mehrere Kerzen befestigt. Dreihundert Arbeitsstunden und mehr stecken in einer Kappe.

Prunkstücke sind die dreidimensionalen „Igelsterne" mit fünf bis acht Zacken. Es gibt Läufergruppen (Passen) mit kirchlichen Symbolen, mit Tierkreiszeichen, mit Jahreszeiten, mit Blumenmotiven, mit Sonne, Mond und den Gestirnen, mit Wappen und mit Zunftzeichen. Zum Aberglauben des Glöcklerlaufs gehört auch die Überzeugung, dass jedes Motiv im Zug nur einmal vorkommen darf.

In Ebensee hat es begonnen: Ein Pater aus dem oberösterreichischen Stift Kremsmünster erwähnte den Brauch 1860 – eine der frühesten Nachrichten davon. In der Ennstaler Gemeinde Stainach (Steiermark) hat man den Glöcklerlauf Anfang des 19. Jahrhunderts eingeführt, und ungefähr so lange gibt es Glöcklerläufe auch in der Gegend um den Wolfgangsee. Burschen, die es um 1920 der Arbeit wegen in die Stadt Salzburg verschlug, haben dorthin die Kunde vom Glöcklerlaufen getragen. Heutzutage kommen zu dem Anlass auf dem Salzburger Residenzplatz schon ein paar tausend Schaulustige zusammen.

Glöcklerläufe, meist am Abend des 5. Jänner, gibt es in Oberösterreich (Ebensee, Gmunden, Altmünster, Traunkirchen und Bad Ischl), in Salzburg (Stadt Salzburg, St. Gilgen, Strobl und Thalgau), in der Steiermark in Stainach. Der Brauch hat sich in letzter Zeit im weiteren Umkreis des Salzkammerguts verbreitet.

Könige als Heerscharen

Die Dritte Welt war zuerst nicht das Thema – wohl aber das Spenden für die Bedürftigen

Die Dimension überrascht immer wieder: Nicht nur Österreich ist in den Tagen vor dem 6. Jänner fest in „königlicher Hand", sondern ganz Europa. Die Initiatoren der Dreikönigsaktion der Katholischen Jungschar in Österreich schätzen, dass in diesen Tagen rund 700 000 Mädchen und Buben unterwegs sind. In Österreich waren zuletzt wieder rund 85 000 Jugendliche unterwegs und sammelten 17 Millionen Euro für Hilfsprojekte in der Dritten Welt. In Deutschland sammeln 300 000 junge Leute in königlicher Verkleidung für bedürftige Menschen.

1955 hat die Katholische Jungschar in Österreich das erste Mal Sternsinger losgeschickt, um ein Motorrad für die Mission zu finanzieren. Schon damals hat die Spendenfreudigkeit die Erwartungen übertroffen und man konnte außer besagtem Motorrad zwei weitere Fahrzeuge finanzieren. Auch in Südtirol wird die Sternsingeraktion von der Katholischen Jungschar getragen. In Deutschland gibt es das Sternsingen in dieser Form seit 1959.

„C+M+B" und die Jahreszahl schreiben die Sternsinger an die Tür oder den Türstock (neuerdings haben sie Aufkleber bei der Hand). Es sind nicht die Initialen der Namen Caspar, Melchior und Balthasar. Gemeint ist der lateinische Segensspruch „Christus mansionem benedicat", Christus segne dieses Haus.

Warum wir vom Sternsingen in einem Buch über Jahreswechsel-Bräuche reden? Das Sternsingen hat ja eine sehr lange Tradition. Der Kölner Erzbischof Rainald von Dassel hat 1248 die bis dahin in Mailand befindlichen Reliquien der Könige/Magier/Weisen/Sterndeuter (oder wie sie auch immer bezeichnet wurden) nach Köln gebracht. Er nahm nicht den direkten Weg, sondern reiste mit dem wertvollen und symbolträchtigen Gut durch die „Drei Königreiche" des Reiches, nämlich Italien, Burgund und das Regnum Teutonicum (Deutschland). Es wart eine effektvoll inszenierte Manifestation von Kirche und deutschem Königtum. Damals nahm die Verehrung der Heiligen Drei Könige so recht Fahrt auf, und die Klosterschüler, die als Neujahrssänger ihr Salär aufbesserten, schlüpften bald in die Kleider der königlichen Besucher im Stall von Bethlehem. Auch saisonale Berufsstände nutzten die positive Stimmung und heischten in entsprechender Verkleidung nach Gaben. Die Sternsingerei wurde zu einem ganz wichtigen Sozialbrauch.
„Die Könige von Tarschisch und von den Inseln bringen Geschenke, die Könige von Saba und Seba kommen mit Gaben. Alle Könige müssen ihm huldigen, alle Völker ihm dienen", heißt es im Psalm 72. So wurden Caspar („Schatzmeister"), Melchior („Mein König ist Licht") und Balthasar („Schütze sein Leben") im 5./6. Jahrhundert zu Königen erklärt. Die Bibel sagt ja nichts Konkretes über sie. Jeder von ihnen stand für einen der damals bekannten Erdteile (Afrika, Asien und Europa) bzw. für das Jünglings-, Mannes- und Greisenalter.
Die Heiligen Drei Könige hatten in der Volksfrömmigkeit des Mittelalters eine große Bedeutung. Ihrer langen beschwerlichen Reise wegen wurden sie auch als Schutzpatrone

der Reisenden verehrt. Der Dreikönigssegen galt als Schutz gegen „Zauberey“, geweihtes Dreikönigswasser wurde gegen Krankheiten verabreicht und auf die Felder gesprengt. Heute noch wird beim Besuch von Caspar, Melchior und Balthasar von Bauern besonders gerne gesehen, wenn die Könige ihren Weg über die Felder nehmen. Seit alters her heißt es nämlich, dass jene Felder, über welche die Sternsinger gehen, doppelte Ernte tragen.
Von den vielen Dreikönigsbräuchen, die es neben der kirchlichen Kinder-Sammelaktion auch noch gibt, sei vor allem die „längste Nacht von Heiligenblut“ genannt: Als solche bezeichnen die Bewohner des Kärntner Dorfes am Fuß des Großglockners das Sternsingen, das zum immateriellen Kulturerbe der UNESCO rechnet. Während man sich anderswo „Prosit Neujahr“ zuruft, heißt es in Heiligenblut: „Und dass du die Sternsinger wieder hörst!“ So stark identifizieren sich die Heiligenbluter mit dem Brauch des Sternsingens.
Acht Rotten (Gruppen) nehmen am 5. Jänner bei Einbruch der Dunkelheit in der gotischen Kirche das gesegnete Licht in Empfang und bringen es selbst in sehr entlegenen Bergbauernhöfe. Bis in die Morgenstunden hinein sind die Männer singend und den leuchtenden Stern drehend unterwegs. Eine Rotte besteht aus etwa einem Dutzend Sängern, fünf Musikanten und eben dem Sternträger.
Die Bläsergruppe kündigt den Hausbewohnern das Kommen an. Im Halbkreis stellen sich die Männer auf, die Laternen haben sie vor sich abgestellt. Viele Strophen hat das Lied, das den Bewohnern die Heilsgeschichte in Reimen verkündet. Dazu wird der Stern gedreht. Die Lieder für diese Nacht wurden einst mündlich weitergegeben, erst in neuerer Zeit hat man sie aufgezeichnet.

Bärzeli und Harder-Potschete

Umarmungen struppiger Figuren und Schläge mit der Schweinsblase

„Ich erinnere mich, wie nach dem Krieg 1945 ein erbärmliches Häuflein Bärzeli-Kinder, fast unter Ausschluss der Öffentlichkeit, im Dorf umherirrte." Das berichtet Willi Urech, einer der Vorkämpfer um den Erhalt und das Wiederauflebens von Bräuchen in Hallwil (im Schweizer Kanton Aarau) in einer Broschüre über die reichhaltigen lokalen Bräuche dort. Unterdessen gehört es wieder zum festen Jahres-Ritual, dass Stächpaumig, Tannreesig, Straumaa und Hobuspöönig am Nachmittag des 2. Jänner in Hallwil umgehen, Passanten umarmen oder sie mit der Söiblootere (Schweinsblase) schlagen und ein herzhaftes „guets Nöis" wünschen.
„Chömed cho luege, d'Bärzeli-Buebe!": ein Ruf, den man also wieder regelmäßig hört. Von 1858 ist die älteste Erwähnung des Bärzelitreibens in Hallwil. 1949 hat man den Brauch wieder ernsthaft aufleben lassen.
Die eingangs erwähnten vier Figuren sind die Aufwändigsten: Stächpaumig, Tannreesig sind die grünen stacheligen „Buschmänner" (Stechpalme und Tannenreisig). Sie stehen für Fruchtbarkeit und Leben. Die drei dürren – Straumaa, Hobuspöönig und Schnäggehüüslig – sind Symbole für den unfruchtbaren, leblosen Winter. Der erste trägt ein Kostüm aus Stroh, der zweite ist über und über mit Hobelscharten bedeckt und auf dem Kostüm des dritten sind dicht an dicht Schneckenhäuser montiert.

Der weißgekleidete Herr mit Krone auf dem Haupt und die ebenfalls in Weiß auftretende Jumpfere (Jungfer) stehen in der aus vierzehn Figuren bestehenden Gruppe für Reinheit, Schönheit, Jugend, und Tugend. Der Aut und die Lörtsch (alter Mann, alte Frau) kontrastieren mit ihrer Hässlichkeit, sie verkörpern Alter und Laster. Die Aut vespritzt aus einer Pfanne ein Wässerchen, das Fruchtbarkeit bringen soll. Ein ur-witziger Typ ist der Spielchärtler, über und über mit Jass-Karten bedeckt. Er steht für Lebensfreude, vielleicht ist er aber auch der personifizierte Spieltrieb. Seine Gegensatzfigur ist der schäbige Lumpig. All diese Figuren tragen Masken. Zwei der ledigen Burschen stecken im Kamel, das von zwei weiß gekleideten Männern angeführt wird.
Einige in der Gruppe führen eine Räre (Ratsche) mit sich, und andere sind mit der bei solchen Bräuchen in der Schweiz häufig zum Einsatz kommenden Schweinsblase ausgerüstet. Sie teilen ordentlich aus. Am frühen Abend ziehen die Bärzeli weiter von Hallwil in die umliegenden Dörfer.

„Harder-Potschete" heißt ein ganz ähnlicher Brauch in Interlaken (Kanton Bern). Auch dort sind Chlummler unterwegs, also solche, die sich ihre Kostüme aus Naturmaterialien basteln. Da gibt es Tannzäpfler und Chrisäschtler (letztere verzieren ihr Leinengewand mit Tannenreisig). Ein Schnäggehüsler ist auch hier dabei und ein Hobelspänler zieht ebenfalls die Blicke auf sich.
Wichtig sind den Interlakenern die alten Masken: „1955 wurden vom Harder-Potschete-Komitee an die vierzig künstlerisch wertvolle Holzmasken angeschafft", erklärt man stolz.

Die Trycheler und andere Brauchtumsgruppen der näheren Umgebung sind auch beteiligt am Umzug.
Das Wort „Harder-Potschete“ muss man Ortsfremden erklären: Harder ist eine nahe Bergspitze. Manche der Figuren, die beim Umzug mitgehen, sollen Geister von dort oben sein. Die Potschen, die dem Brauch den Namen gegeben haben, sind die Schweineblasen. Früher, so heißt es, wurden diese bei „Sudelwetter“ durch den Dreck gezogen und dann den Leuten, den Mädchen vor allem, um den Kopf geschlagen. Diese Unsitte sei glücklicherweise verschwunden, betont man. Es bleibt beim „Potschen“.
Nun muss man aber noch erklären, was es in der Schweiz mit dem 2. Jänner auf sich hat. In manchen Kantonen ist es ein zweiter Feiertag, in anderen ein „Halb-Feiertag“. Als Bärzelitag, Bechteltag, Berchtentag war schon im 14. Jahrhundert bekannt und bildete alternativ zum Dreikönigstag (je nach Kalenderauslegung) den Schlusspunkt der Raunächte. Das Bärzeli-Treiben und der „Harder-Potchete“-Umzug sind also typische Bräuche zu Jahresende.
Als Berchtoldstag wird der 2. Jänner in der Schweiz gelegentlich auch bezeichnet. Irgendwie steckt also immer Wortstamm Bercht drinnen. Einen heiligen Bechtold hat es jedenfalls nicht gegeben.
Der Berchtoldstag war früher Anlass für Familienbesuche. In den Kantonen Zürich, Schaffhausen und Thurgau trifft man sich gerne in Gasthäusern zum „Bächteln“. Bächtelswurst (eine besonders feine Brühwurst) mit Bächtelsweggen gelten als Spezialität an diesem Tag.

Das Bärzelitreiben in Hallwil und der „Harder-Potschete"-Umzug in Interlaken finden am 2. Jänner nachmittags statt.

Den Bock zum Glückstier machen

„Stärk' antrinken" ist ein promillereicher Neujahrsbrauch in Franken

„Da der Franke an sich in seinen Traditionen verwurzelt ist und er gerne Bier trinkt, wappnet er sich gegen alles Unheil des neuen Jahres, indem er sich in geselliger Runde Kraft und Gesundheit, im Volksmund ‚Stärk', antrinkt." So erklärt der Verein zur Förderung der Fränkischen Braukultur auf seiner Website einen Brauch, der eine gewisse Trinkfestigkeit verlangt. Lobbyismus und Brauch scheinen in Oberfranken jedenfalls eine sympathische Partnerschaft eingegangen zu sein. Man trifft sich zum „Stärk' antrinken" in geselliger Runde in einer Gaststätte. Der Termin – der Abend am Dreikönigstag selbst oder der Vorabend – wird mit dem in dieser Region bis 1691 üblichen Jahreswechseltermin erklärt. Der 6. Jänner heißt in Franken nach wie vor Großneujahr, Hochneujahr oder „Öberschder", womit der Rang des Festtages deutlich ausgedrückt ist.

Unter „Stärk" wird Kraft und Gesundheit verstanden. Da die Gegend nicht gerade arm an Brauereien ist (zweihundert sollen es sein, davon etwa siebzig im Kreis Bamberg), dürfte diese Art der gesundheitlichen Prophylaxe nicht schwierig umzusetzen sein.
Der Verein zur Förderung der Fränkischen Braukultur weiß auch um die Menge Bieres, die nötig ist, auf dass die „Stärk" wirklich ein Jahr anhalte: Für jeden Monat des Jahres solle man ein „Seidla vom Bock" trinken. Das Seidla im Frankenland bezeichnet freilich

etwas anderes als das österreichische Seidel (0,3 Liter). Man meint dort mit Seidla dezidiert eine Halbe, also 0,5 Liter. Die Brauereien halten fürs Stärkantrinken extra kräftiges Bockbier bereit. 6,5 Prozent Alkoholgehalt und mindestens 16 Prozent Stammwürze. Ab 18 Prozent spricht man von „Doppelbock". Auch wenn man es beim einfachen Bock belässt: Hat einer zwölf fränkische „Seidla" einigermaßen unbeschadet überstanden, sollte ihn das neue Jahr nicht so schnell umhauen.

Eine kleine Bier-Nachhilfe, zu lesen noch in nüchternem Zustand: Das Starkbier wurde angeblich als erstes in der niedersächsischen Stadt Einbeck gebraut, ab dem 14. Jahrhundert hat man es nach Franken, Bayern und noch weiter in den Süden exportiert. Im Jahr 1614 holte das Adelshaus Wittelsbach den Braumeister Elias Pichler aus Einbeck ans Hofbräuhaus nach München. Das „ainpöckisch Bier" wurde verballhornt zum „Bockbier". Bockbieranstich ist üblicherweise im Herbst, aber fürs „Stärk antrinken" am 5./6. Jänner werden in Oberfranken einige der Fässer aufbewahrt. Kaum jemand wird es wirklich mit sechs Litern angehen.

Chalandamarz

Spät, aber doch! Sonst gehen die Uhren in der Schweiz aber ultra-pünktlich

Was für ein Wort: „Chalandamarz“ – da stecken über zwei Jahrtausende Geschichte drin: Die Calendae waren die ersten Tage des römischen Monats (unser Wort Kalender leitet sich von dem Begriff ab). Das römische Jahr begann, bevor Caesar 45 v. Chr. den „Julianischen Kalender“ einführte, mit den Kalenden des März. In der rätoromanischen Sprache hat sich das Wort als Chalandamarz festgesetzt und gehalten. Bis heute begeht man im Engadin, Münstertal, Bergell, Puschlav, Misox, Oberhalbstein und Albulatal diesen Tag mit Bräuchen, die sich der gebirgigen Gegend entsprechend von Ort zu Ort, von Tal zu Tal unterscheiden.

Dieser Brauch-Tag am antiken Jahresbeginn erinnert vielleicht auch daran, dass sich am alten Neujahrstag einst die Jungmänner des Dorfes dem römischen Kommandanten oder seinem Stellvertreter andienten. Durch Schellen mit den größten Kuhglocken begrüßten sie ihn und das neue Jahr.
Nicht mehr die Viehhirten, sondern die Volks- und Mittelschüler machen jetzt den Umzug im Engadin. Seit etwa dreißig Jahren sind sogar die Mädchen dabei. Blaue Bauernjacken tragen die Kinder, rote Halstücher und rote Strickmützen. Die Glocken mit den breiten Lederbändern haben sie sich über die Schultern gehängt. Man hört auch

Peitschenknallen und das Schnarren von Ratschen. Es werden Lieder in rätoromanischer Sprache gesungen. Die Kinder sammeln Speisen und Geld für das gemeinsame Mahl und für die Schulreise.
In einigen Dörfern (beispielsweise in Zuoz oder Samedan) nehmen traditionsgemäß nur die Knaben am Umzug teil. In den meisten Dörfern üben sie das Peitschenknallen bereits ab dem 1. Februar. Zwei Sonntage vor dem Fest wird der Umzug geprobt. Am Chalandamarz ziehen die Burschen als „Hirten" und „Kühe" mit Schellen durch das Dorf. Die Mädchen bereiten das Abendessen mit anschließendem Ball vor. In Scuol findet neben dem Umzug ein Wettkampf der Peitschenknaller statt, in Poschiavo und im Misox geht es einem Schneemann als Symbol des Winters an den Kragen.

„E viva la cumpagnia / e viv 'il chalandamarz" ist der Refrain eines der alten Lieder für diesen Anlass. Die „cumpagnia", die Gemeinschaft, ihr Zusammenhalt: Dafür hat man ein Gespür gerade innerhalb einer sprachlichen Minderheit. Drum feiert man den Chalandamarz auch dort, wo es keine unmittelbare Tradition mit einem geregelten Umzug gibt. In Ftan zum Beispiel schlagen die faschingsmäßig verkleideten Buben und jugendliche Burschen mit den Schweinsblasen auf die Mädchen ein, wie es auch in anderen Gegenden der Schweiz der Brauch ist.

Woklapnica

Gleich in den Tagen nach Jahreswechsel geht's in den sorbischen Dörfern ans Bilanzmachen

Ach, was wird doch immer geklagt über die vermeintliche „Politikverdrossenheit“ der Menschen! Vielleicht könnte man da den Sorben in den Dörfern der Niederlausitz, also im deutsch/polnischen Grenzgebiet, etwas abschauen. Dort gibt es zu Jahresanfang, in den ersten Tagen des Jänner, die „Woklapnica“. Ein deutsches Wort gibt es nicht für diese Versammlung von Dorfbewohnern, eine sehr gesellige Form von direkter Demokratie. Es ist der Anlass, bei dem der Bürgermeister Rechenschaft ablegt über das vergangene Jahr. Ein Blick auf die Vorhaben im neuen Jahr ist natürlich auch angesagt. In vielen Orten ist es üblich, dass zu dieser Gelegenheit auch der Pfarrer, der Ortswehrführer und die Vereinsvorsitzenden das Wort ergreifen.

Woklapnica wird gelegentlich mit dem Wort „abklopfen“ übersetzt. Musiker können sich da gut vorstellen, wie das alte Jahr abgeklopft oder abgewinkt, also abgeschlossen wird. Bei der Woklapnica dürfen sich auch neu Zugezogene vorstellen und in die Dorfgemeinschaft „einkaufen“.
An einem Ort in der rätoromanischen Schweiz gibt es etwas Ähnliches. In Ardez, einem Graubündner Bergdorf am Fuß des Piz Buin, legt der „Capo“ (so heißt hier der

Ortsvorsteher) mündlich Rechenschaft über das abgelaufene Jahr ab. Er tut dies am „Chalandarmarz“, also am 1. März. Die Rätoromanen halten es ja noch mit dem alten römischen Jahresanfang. Kurz nach Mittag verliest er im Schulhaus seine „Schüsa da capo“. In einem Ort mit gerade 440 Einwohnern ist so etwas durchaus praktikabel. In Wahljahren werden bei dieser Gelegenheit die Gemeindebehörden vereidigt. „Das ist seit Menschengedenken so“, sagt der gegenwärtige Capo, Jonpeider Strimer.

Silvesterlauf statt Neujahrssprung

Das Vom-Sessel-Hüpfen ist passé, dafür gibt es unglaublich viele Laufveranstaltungen

„Kurz vor 24 Uhr … steigt man auf einen Stuhl, um pünktlich mit dem ersten Glockenschlag ‚ins Glück zu springen'. Der ‚Sprung ins Glück' oder ‚Neujahrssprung' deutet symbolhaft den Ausstieg aus dem alten Jahr an und akzentuiert gleichzeitig den aktiven Beginn des neuen Jahres." So beschreibt der Theologe Manfred Becker-Huberti in seinem „Lexikon der Bräuche und Feste" einen einst weit verbreiteten Brauche in privatem Kreis. Solches wird kaum noch irgendwo praktiziert. Aber das heißt nicht, dass körperliche Betätigung nicht ihren Platz hätte zu Silvester oder Neujahr.

Wir geben zu, in der Zeitschrift „Runnersworld" mit nicht geringem Erstaunen die Notiz entdeckt zu haben: „Am veranstaltungsintensivsten Laufsporttag des Jahres werden im deutschsprachigen Raum rund 100 Silvesterläufe gestartet." Offenbar ist also der 31. Dezember der Lauftag schlechthin. Nun möchte man an eine Mode, eine kleine Abartigkeit des urbanen Events denken, aber manche dieser Läufe haben schon ein ansehnliches Alter. Seit 1987 zum Beispiel gibt es den Silvesterlauf im Münchner Olympiapark. Start ist an der alten Radsporthalle. Eine kleinere Schleife wird südlich des Olympiaberges gelaufen, eine größere führt ins ehemalige Olympische Dorf, es geht weiter am Olympiasee vorbei und schließlich zurück an den Ausgangspunkt. Wir reden von einer Distanz von zehn Kilometern. „Mit Behinderungen durch Schnee und Eis muss gerechnet werden", heißt es im Wikipedia-Eintrag dieses Sportevents weniger optimistisch. Dreitausend Läuferinnen und Läufer nehmen erfahrungsgemäß in München teil. Etwa gleich viel sind es in Osnabrück, wo es den Silvesterlauf schon seit 1980 gibt. Mit beinah 5 000 Teilnehmern im Ziel (das war 2007) gilt der Silvesterlauf von Werl nach Soest (zwei Orte östlich von Dortmund) als der größte in Deutschland.

Mit der weltweit teilnehmerstärksten Veranstaltung dieser Art kann sich freilich kein Silvesterlauf im deutschsprachigen Raum auch nur entfernt messen: 18 000 Menschen laufen bei der San Silvestre Vallecana in Madrid mit! Diesen berühmten Straßenlauf in Spanien gibt es gar schon seit Silvester 1964. Aber mit dem ersten Start 1967 gehört man in Gersthofen (nahe Augsburg) auch schon zu den alten Silvesterlauf-Hasen. Mit etwas über tausend Läufern im Ziel ist es einer der vergleichsweise „kleineren" Volksläufe – aber dafür ist er fünfzig Jahre alt!

In Trier ist man seit 1990 dabei. Die Runde in der Innenstadt ist zwar nur einen Kilometer lang, aber beim „Lauf der Asse" über acht Kilometer dreht man eben entsprechend viele Runden, was für die Zuschauer durchaus attraktiv ist. Um die Dimension solcher Veranstaltungen zu erhellen: Selbst in Trier waren im bisher stärksten Jahr (2007) 2 043 Menschen am Start – und 1 647 von ihnen haben auch das Ziel erreicht.

Wie kam der 1973 erstmals ausgetragene Silvesterlauf in Kaufungen zum ironischen Beinamen „Hessisches São Paulo? Er führte einst über 8,3 Kilometer, war eben genau so lang wie der Silvesterlauf in der größten Stadt von Brasilien. Unterdessen hat man in der Stadt ein wenig an den Straßen gebaut und die Wegstrecke ist jetzt um 600 Meter kürzer. Wer im Tiroler Achensee badet, gehört auch in der warmen Jahreszeit zu den eher Abgehärteten. Aber zu Silvester, bei vier Grad Wassertemperatur? 50 Meter gilt es da zu schwimmen, zuletzt waren immerhin 91 Leute am Start.

Die Wasserrettung hat sich mancherorts solche „Silvesterschwimmen" einfallen lassen, sammelt damit Geld für ihr Engagement das Jahr über. Im Mainz ist genau das Ziel der Feuerwehr, wenn sie zum Silvester-Abschwimmen an und in den Rhein lädt. Das gibt es schon seit über vierzig Jahren. Die Erlöse der begleitenden Spendenaktion gingen zuletzt an die Palliativstation der Mainzer Universitätsmedizin. Beim Silvesterschwimmen in Konstanz sind mehrere hundert wagemutige Schwimmer mit Fackeln im Bodensee unterwegs.

Wir haben Silvester hinter uns ...

... aber wer sind die nächsten? Ein Blick zu den anderen Religionen

In China, Hongkong, Vietnam, Korea, Thailand und Taiwan gilt Neujahr als das größte Fest im Kalender. Es wird heutzutage zu Neumond zwischen 21. Jänner und 19. Februar gefeiert.

Die Vorbereitungen für den Neujahrsabend beginnen meist einige Tage vor dem Jahreswechsel mit dem Dekorieren der Häuser mit Glückssymbolen – dazu zählt die Farbe Rot. Daher rote Lampen. Bänder mit Glück bringenden Neujahrssprüchen werden aufgehängt, Papierschnitte mit Glückssymbolen sowie goldene Glückszeichen kommen an die Wände der Häuser. Am letzten Tag des alten Jahres werden Gebete für die Seelen der Vorfahren gesprochen. Die Kinder bekommen Kleidung, Mandarinen und Geldgeschenke, die in roten Kuverts übergeben werden. Um etwa 23:00 Uhr lässt man das neue Jahr durch geöffnete Fenster ins Haus. Feuerwerke werden abgeschossen und Räucherstäbchen entzündet. Viele Lichter und offene Fenster weisen dem Glück den Weg in die Häuser der Menschen. Süße Speisen sollen das neue Jahr versüßen. Schwarze Kleidung – in der Farbe des Unglücks – und weiße als Zeichen der Trauer soll vermieden werden.

Das alte chinesische Mahjongg-Spiel für vier Personen ist sehr beliebt. Dazu muss man aber wissen, dass die originalen Regeln wenig mit jenem Würfel-Wegräumspiel zu tun haben, als das Mahjongg das uns auf dem Computer begegnet.

Die Feierlichkeiten enden 15 Tage nach dem Neujahrstag mit dem Laternenfest. In großen Umzügen werden Laternen durch die Straßen getragen und Drachen- bzw. Löwentänze aufgeführt. Die Umzugsdrachen aus Bambus, Seide und Papier sind zum Teil mehrere Meter lang. Das ist der farbenprächtigste Teil des Festes.
In Ländern, in denen der Theravada-Buddhismus vorherrscht, findet das Neujahrsfest meist Mitte April statt. So zum Beispiel in Sri Lanka, Myanmar, Thailand, Kambodscha und Laos. Theravada ist die älteste buddhistische Schule.

Japan folgt unserem Kalender, beginnt das neue Jahr also auch mit dem 1. Jänner. Auch japanische Kinder bekommen wie jene in China Geldgeschenke in roten Kuverts. Man verschickt in Japan Neujahrs-Glückwunschkarten an Freunde, Bekannte und weiter weg wohnende Familienmitglieder. „Osechi" ist der Sammelbegriff für japanische Neujahrsspeisen. Eines ihrer Kennzeichen ist (sofern heutige Japaner es wirklich mit der Tradition halten), dass diese Speisen so zubereitet sind, dass sie auch kalt gegessen werden können. An den ersten drei Tagen des neuen Jahres sollte nämlich der Herd kalt bleiben. Nur die Zoni-Suppe (die man mit Reiskuchen isst), durfte aufgewärmt werden.
Das islamische Jahr richtet sich nach dem Mond, bei Monatslängen zwischen 29 und 30 Tagen. Die elf Tage, die sich gegenüber dem Sonnenjahr nicht ausgehen (das sind unsere „Raunächte") werden dort nicht eingebracht, also verschiebt sich das Neujahrsfest und wandert im Lauf von 33 Jahren einmal durch die zwölf Monate. „Ras as-sana" heißt das Fest, der 1. Muharram entspricht unserem Neujahrstag. Gedacht wird an diesem

Festtag der Hidschra (Auswanderung) des Propheten Mohammed und seiner Anhänger von Mekka nach Medina am 15./16. Juli 622 n. Chr. Dieser Tag ist der Beginn der islamischen Zeitrechnung. Am 11. September 2018 steigen die Muslime also ein ins Jahr 1440 – n. H. schreibt man, nach Hidschra.

Da nach islamischem Brauch der Festtag mit Sonnenuntergang am Vorabend beginnt (in der katholischen Kirche ist es nicht anders), wird das Festmahl schon da abgehalten. Was für uns die Knallerei zu Silvester, das ist den Muslimen Musik auf traditionellen Blasinstrumenten. Sieben Dinge gehören auf die Festtagstafel: Mehlbeeren, Süßgebäck, einer Münze, grüne Weizentriebe, ein Apfel, Essig und Knoblauch. Das alle steht für Glück, Gesundheit, Wohlergehen und Fruchtbarkeit. Für die Gläubigen der schiitischen Glaubensrichtung bedeutet dieser Tag nicht nur den Anfang eines neuen Jahres, sondern auch den Beginn der Trauerzeit, die dann im Aschura-Tag (dem Fasten- und Rettungstag des Propheten Moses) gipfelt. Daher ist für sie der Jahresbeginn eher ein Gedenk- als ein Festtag.
Unter den muslimischen Gläubigen im Iran hat sich eine regionale Eigenart des islamischen Neujahrs entwickelt. Nouruz/Nevruz bezeichnet das Neujahrsfest der iranischen Muslime. Das persische Jahr beginnt mit der astronomischen Frühlings-Tag- und Nachtgleiche am 21. März. Ein nahe liegender Termin, wenn alles in der Natur grünt und sprießt.

Praktiziert wird das Neujahrsfest mit sieben Dingen (haft sin), die auf Persisch mit dem Buchstaben „S“ beginnen. Darunter sind auch die bereits erwähnten traditionellen

Zutaten zu finden; Koriander und Küchenkräuter werden meist ergänzt. Der Tisch wird mit gefärbten Eiern geschmückt. Dabei steht Rot für das Leben und Grün für den Propheten. Es gibt auch Kerzen, die an das heilige Feuer und Reinheit erinnern, Zitrusfrüchte, Wasser und Hyazinthen als Symbol für die Natur. Nach gegenseitigem Beschenken und dem Vortragen von Gedichten im Kreis der Familie vergibt man einander. Zwölf Tage lang besucht man Verwandte und Freunde.

Die Gruppe der Aleviten begeht am 21. März auch den Geburtstag Alis. Er ist der Cousin und Schwiegersohn des Propheten Mohammed. Alī ibn Abī Tālib gilt für Aleviten und Schiiten als der rechtmäßige Nachfolger des Propheten. Alle Feste der Aleviten werden in der Gemeinschaft gefeiert. Soziale Bande werden an diesem Tag durch Besuche und Geschenke gestärkt. Zum Fest gehören der Besuch von Mausoleen, Gebete, rituelle Musik und der spezifische Tanz (Semah).
Auch im Bahá'í-Kalender ist am 21. März Neujahr, „Naw Ruz" oder „Nouruz" heißt der Tag. Das führt uns vom Namen her zu den Juden. „Rosch ha-Schana" heißt bei ihnen das Neujahrsfest, das aber in den Herbst, nach unserem Kalender in den September oder in die erste Hälfte des Oktobers fällt.

Juden rechnen mit zwölf Mondmonaten mit jeweils 29 bis 30 Tagen (Synodischer Monat = 29,53 Tage). Um die so gezählten 354 oder 355 Tage mit dem Sonnenjahr in Einklang zu bringen, wird etwa alle drei Jahre ein Schaltmonat eingefügt.

„Ein' guten Rosch!" sagt man im Jiddischen, und genau da kommt unser Wunsch nach einem „guten Rutsch" her. Wir befinden uns damit also auf etymologischem Glatteis. Gegenüber den Muslimen ist die jüdische Zeitrechnung wirklich „biblisch" alt. Man geht am 10./11. September 2018 ins Jahr 5779.

Rosch ha-Schana beginnt am Sonnenuntergang des Vortages (eine Gemeinsamkeit aller drei monotheistischen Religionen). Das Wort heißt übersetzt „Haupt des Jahres". In der Thora wird das Fest auch „Tag des Gedenkens" (Jom haSikaron) oder „Tag des Posaunenhalls" (Yom Teruah) genannt. Mit diesem Tag beginnt eine zehntägige Periode der Besinnung auf Gott und das Gesetz, eine Phase der Reue und Umkehr. Sie mündet in den Jom Kippur, den Versöhnungstag. Man spricht auch von den „Furchtbaren Tagen" oder „Tagen der Ehrfurcht". Eine ernste Zeit, die zur Umkehr und zur Vorsicht vor dem Urteil über die Menschen aufruft. Erinnert wird an die Rolle Gottes als König und Richter des Universums an die Notwendigkeit, die Gesetze zu befolgen.

Nachbemerkung

Brauch: Das ist für die moderne Volkskunde längst viel mehr als das, was im bäuerlichen Milieu – angeblich – seit alters her eingebürgert ist. Der Bauernstand spielt nur mehr eine geringe Rolle in der demografischen Struktur der Bevölkerung, deshalb muss sich auch unser Verständnis von Brauch wandeln. Silvester und Neujahr sind prädestiniert dafür, nicht nur Altes und Neues nebeneinander zu betrachten. Bräuche sind in den seltensten Fällen „uralt“, sondern in ihnen spiegelt sich immer auch der Zeitgeist.

Ein Brauch-Merkmal schlechthin: Menschen tun gerne Jahr für Jahr das Gleiche wieder. Das ist wichtig, denn es macht die Zeit greifbar und überschaubar. Schon wieder Heringsschmaus, schon wieder Halloween! Da braucht man nicht verhaftet sein in der Volkskultur, um solche (neuen) Bräuche als lohnend, wichtig, anregend zu finden. Der Jahreswechsel ist prädestiniert für Bräuche „in Bewegung“.

Entscheidend ist bei jeder Form von Brauch: Der Mensch muss sich wiederfinden in den Ritualen. Bräuche werden nicht gepflegt und konserviert wie Museumsstücke. Sie spiegeln ein inneres Bedürfnis und entwickeln sich weiter. Ebenso entscheidend ist die Gemeinschaft: Etwas zu tun im vertrauten Kreise, mit der Familie oder mit Freunden, das macht Freude. Bräuche stiften Zusammenhalt.

Wir haben für dieses Buch Charakteristisches ausgewählt. In der Zusammenschau von Deutschland, Österreich und der Schweiz zeichnen sich nicht nur regionale Auffälligkeiten ab, sondern auch viel kulturell Verbindendes. Und immer wieder gibt es Überraschungen: Mit wie vielen originellen Silvesterbräuchen etwa die Schweiz aufwartet, ist anderswo im deutschen Sprachraum gar nicht so bekannt.

Viele Bräuche mögen zwar historisch gleiche Wurzeln haben, aber sie sehen selbst in benachbarten Dörfern anders aus. Wir haben es mit kulturellen Wanderungen, Überschneidungen, lokalen und regionalen Abwandlungen zu tun. Vollständigkeit war in diesem Buch nicht angestrebt, wäre auch gar nicht zu erreichen. Gerade weil die Welt – scheinbar – zum „globalen Dorf" geschrumpft ist, sind zunehmend mehr Menschen doppelt aufnahmebereit fürs jeweils Eigenständige, Besondere. Auf diesem Nährboden wachsen neue Bräuche. Altes wird wiederendeckt, wiedererweckt und weiterentwickelt. Schien sich die Volkskunde vor einem halben Jahrhundert noch mit einer hoffnungslos gestrigen Materie zu beschäftigen, läuft sie heute den Entwicklungen fast atemlos hinterher. So atemlos, wie es viele Menschen nicht nur in der Silvesternacht tun, wenn sich Tausendschaften den „öffentlichen Raum" zu eigen machen. Das Spannungsfeld zwischen Dorf- und Stadtbrauch scheint uns gerade zum Jahreswechsel unerhört reizvoll.

Reinhard Kriechbaum
Geboren 1956 in Graz. Studium der Kunstgeschichte und Volkskunde an der Universität Graz, Chordirigieren und Gesang an der dortigen Musikhochschule. Von 1982 bis 1989 Kulturredakteur der „Salzburger Nachrichten", 1989 bis 1991 Leiter der Pressestelle der Erzdiözese Salzburg. Kulturjournalist für in- und ausländische Medien. Seit 2004 Chefredakteur und Herausgeber der Salzburger Internet-Kulturzeitung „DrehPunktKultur". Reisejournalismus mit Schwerpunkt Osteuropa.
Autor der „Bräuche im Jahreskreis"-Reihe im Verlag Anton Pustet.